COLLECTION A 2 FRANCS.

CŒURS
DE
FEMMES

PAR

ÉMILE RICHEBOURG

PARIS
P. BRUNET, ÉDITEUR
RUE BONAPARTE, 31

CŒURS DE FEMMES

COEURS

DE

FEMMES,

PAR

ÉMILE RICHEBOURG,

———•———

PARIS
BRUNET, LIBRAIRE-ÉDITEUR
RUE BONAPARTE, 31
—
1864
Tous droits réservés.

COEURS DE FEMMES

LE CLOS DES PEUPLIERS

I

Un jeudi, vers huit heures du soir, M. Prugnot, curé de Villebelle, était assis devant une fenêtre ouverte sur son jardin; la brise caressait sa douce figure, jouait avec ses cheveux au reflet d'argent et rafraichissait son front vénérable. La tête appuyée sur sa main, il réfléchissait; le digne prêtre développait le texte d'un sermon qu'il devait faire à ses paroissiens le dimanche suivant, jour de l'Assomption.

Malgré la gravité du sujet qui l'occupait, M. Prugnot semblait distrait. De temps à autre sa tête se redressait, son oreille devenait attentive, et il écoutait certains bruits dans la rue. Puis, voyant qu'il se trompait, il reprenait sa première position et rassemblait ses idées éparses dans son cerveau.

Marguerite, sa gouvernante, montrait une activité extraordinaire ; malgré ses soixante ans passés, on aurait pu la croire moins âgée de vingt ans, en la voyant marcher, courir de la salle à manger à la cuisine; on aurait pu également la prendre pour une folle, car elle riait et pleurait tout à la fois.

Tout en préparant son dîner, Marguerite dressa la table, la recouvrit d'une nappe bien blanche et y plaça deux couverts.

La broche, chargée d'un poulet, tournait lentement devant le feu, et les casseroles fumaient sur les fourneaux, tandis que des petits pots recevaient des crèmes à la vanille et au chocolat. La vieille gouvernante faisait de son mieux pour bien fêter le personnage qui, ce soir-là, devait s'asseoir à la table de son maître. Aussi laissait-elle paraître une joie naïve chaque fois qu'une de ses opérations culinaires réussissait.

La sonnette placée à la porte de la cure se fit entendre.

— Marguerite, Marguerit! ecria M. Prugnot, on sonne!

La gouvernante alla ouvrir. L'abbé se leva.

— Je vais donc l'embrasser, dit-il en étendant ses bras comme pour y recevoir quelqu'un.

Marguerite parut à la porte.

— C'est mademoiselle Ramon, qui vient vous souhaiter le bonsoir, dit-elle.

— Ah! mademoiselle Ramon? Elle peut venir.

— Bonsoir, monsieur le curé, dit la jeune fille en entrant.

— Bonsoir, Thérèse, bonsoir, mon enfant. Est-ce que vous avez quelque chose à me dire?

— O mon Dieu, non, monsieur le curé ; je suis venue à Villebelle pour affaires, et je n'ai pas voulu m'en retourner au Clos sans vous demander comment vous allez.

— Merci, Thérèse, merci, ma santé est bonne. Et le papa Ramon va bien aussi?

— Parfaitement, monsieur le curé. Y a-t-il longtemps que vous avez reçu une lettre de Paris?

— Ce matin, Thérèse, ce matin.

— Ah! Et M. Julien va bien?

— Sa santé est excellente.

— Est-ce qu'il n'y a pas quelque chose dans sa lettre pour mon père? reprit la jeune fille en rougissant un peu.

— Non, non.

— Je croyais..., je ne savais pas..., balbutia la jeune fille, dont la figure s'attrista.

— Mon neveu ne m'a écrit que quelques lignes ; il m'annonce qu'il vient d'être reçu docteur en médecine.

— Il est reçu? Quel bonheur! s'écria Thérèse qui ne put contenir sa joie.

— Oui, c'est un bonheur, un grand bonheur pour lui, reprit l'abbé Prugnot, et pour moi une grande satisfaction, surtout au moment de l'embrasser.

— Il va donc arriver bientôt? demanda Thérèse d'une voix émue.

— Ce soir, je l'attends.

— Ce soir ! répéta la jeune fille, avec un accent qui aurait étonné tout autre que M. Prugnot.

Au même instant, on entendit le roulement d'une voiture.

— C'est lui! c'est M. Julien! s'écria Marguerite. Et elle s'élança vers l'escalier d'entrée avec autant de légèreté qu'une jeune fille.

La voiture venait de s'arrêter.

— C'est lui, en effet, dit M. Prugnot en s'avançant sur la porte de la salle à manger.

Thérèse, toute tremblante, se retira dans l'angle le moins éclairé.

Presque aussitôt, M. Julien Prugnot parut.

— Mon oncle, mon cher oncle! dit-il en se précipitant dans les bras du curé, que je vous embrasse!

— Que je te serre dans mes bras! reprit l'abbé.

— Et vous, ma bonne Marguerite, ma seconde mère, dit le jeune docteur, vous me permettez de vous embrasser aussi, n'est-ce pas?

— Moi... moi... mais... mais oui, répondit la vieille gouvernante, en tirant vivement son mouchoir pour essuyer les larmes qui couvraient ses joues.

— Eh bien! Thérèse, vous ne dites donc pas bonsoir à Julien? demanda le prêtre.

— Thérèse! s'écria le jeune homme en se retournant brusquement.

La jeune fille, rouge comme une pivoine, était devant lui.

— Monsieur ul 1... fit-elle.

— Thérèse venait me demander de tes nouvelles, mon neveu, reprit le curé, et voilà comment elle se trouve ici au moment de ton arrivée. Allons, mes enfants, ajouta-t-il avec bonhomie, vous êtes devenus grands, mais l'amitié qui vous unissait dans votre jeunesse n'a pu cesser d'exister; embrassez-vous.

Thérèse s'approcha du jeune homme les yeux baissés, et lui tendit sa joue. Julien y posa un baiser.

— Mademoiselle, lui dit-il, demain j'irai au Clos pour présenter mes respects à M. Ramon... et causer avec vous, ajouta-t-il de manière à n'être entendu que de la jeune fille.

— J'annoncerai votre visite à mon père, monsieur Julien.

— Thérèse, mon enfant, il est temps de retourner près de lui, dit M. Prugnot; la nuit commence à tomber et il serait imprudent...

— Est-ce que vous êtes venue seule à Villebelle ? demanda vivement Julien.

— Oh! non; Alexandrine m'a accompagnée; elle m'attend chez sa sœur.

— Sans cela, j'aurais prié mon oncle de me permettre de vous reconduire jusqu'à l'allée des Lilas.

— Il paraît que tu n'as pas oublié les noms de nos contrées, Julien, dit le prêtre en souriant.

— Il est des personnes et des lieux que l'absence ne peut faire oublier, mon oncle. Il est aussi certains souvenirs qui sont pour le cœur une religion.

Thérèse partit. L'oncle et le neveu se mirent à table. Mais l'émotion et peut-être aussi la fatigue du voyage avaient enlevé l'appétit du jeune homme; il mangea à peine. Marguerite en fut désolée. Elle avait préparé tant de bonnes choses...

— Mangez donc de ces crèmes, monsieur Julien; je les ai faites exprès pour vous, parce que je sais que vous les aimez.

— Merci, ma bonne Marguerite, merci pour vos intentions; c'est singulier, je n'ai pas faim.

— Quel malheur! mon poulet et mes perdreaux seront perdus, car c'est demain vendredi.

— Rassurez-vous, Marguerite, dit M. Prugnot, mon neveu, qui relève de maladie, a besoin de réparer ses forces, et je lui permets de faire gras.

Marguerite fut à peu près satisfaite, en recevant l'assurance que le jeune médecin pourrait apprécier sa cuisine.

M. Prugnot prit le bras de son neveu et ils descendirent au jardin.

— Julien, je suis content de toi, dit-il; depuis que nous avons été forcés de nous séparer et que tu t'es trouvé livré à toi-même, je n'ai eu qu'à me louer de ta conduite.

— J'ai suivi vos conseils, mon oncle; le disciple n'a pas une meilleure manière d'honorer son maître.

— Aussi tu as réussi; te voilà à vingt-cinq ans docteur en médecine. L'avenir s'ouvre devant toi, mon neveu, et tu peux y entrer sans crainte. Du reste, chaque fois que mes conseils pourront t'être utiles, je ne te les refuserai point. J'espère que tu ne me quitteras plus; si tu n'es pas trop ambitieux, une petite clientèle que tu auras bientôt dans le pays te permettra de vivre honorablement. Moi, je suis le médecin des âmes; tu seras, toi, celui des corps.

— Mon projet est en effet de rester près de vous, mon oncle, et d'exercer la médecine à Villebelle.

— Très-bien, mon ami, je suis heureux que tes intentions s'accordent avec mon désir; j'aurai la consolation de t'avoir près de moi et de mourir dans tes bras.

Après avoir fait deux fois le tour de son jardin, M. Prugnot rentra chez lui.

— Tu dois être fatigué, dit-il à son neveu, il faut aller te reposer; demain et les jours suivants nous aurons tout le temps de causer et de nous occuper de l'arrangement de ta vie.

Le jeune homme serra la main de son oncle et se retira dans sa chambre. Son lit, grâce aux soins de l'excellente Marguerite, était tout prêt pour le recevoir.

En se retrouvant seul dans cette chambre qu'il avait occupée pendant les premières années de sa jeunesse, au milieu des objets qui lui étaient familiers, il éprouva une certaine émotion ; il posait sa main sur les meubles avec une joie d'enfant ; ses yeux s'arrêtèrent sur deux ou trois rayons chargés de livres ; il en ouvrit quelques-uns et sentit croître son émotion à la vue des pages que ses doigts avaient usées. Il s'assit près d'une table placée devant la fenêtre.

— Ici, dit-il, j'ai passé de longues heures à étudier et à traduire les auteurs latins ; c'est à la bonne direction de mon oncle et à tous ces vieux livres que je dois ce que je sais aujourd'hui ; mon intelligence s'est développée avec eux. Vieux livres, vieux amis, plus d'une fois je vous ai repoussés avec découragement ; vous avez été pour moi bien froids, bien arides, et cependant je suis toujours revenu vers vous avec un nouveau plaisir. Ah ! nous avons passé d'agréables instants ensemble ! Je vous ai surtout aimés quand j'ai compris que vous seuls pouviez m'aider à me rendre digne de Thérèse. Thérèse ! c'est pour elle que j'ai travaillé.

Il se coucha en pensant à la jeune fille, au bonheur qu'il avait éprouvé en la trouvant chez son oncle et à celui qu'il aurait le lendemain en la revoyant. Il croyait entendre sa voix, il voyait sa figure gracieuse se pencher sur son lit et sa bouche lui sourire. Ses yeux, appesantis par la fatigue et l'insomnie, s'étaient fermés. Le nom de Thérèse glissa lentement entre ses lèvres. Il dormait.

II

J'ai souvent vu dans mon enfance la bonne figure de l'abbé Prugnot, qui n'est point le moins du monde un être imaginaire. Oh! c'était un vrai disciple du Christ, se croyant toujours obligé de s'occuper des autres et se dévouant si bien qu'il ne s'appartenait presque plus.

Depuis quarante ans qu'il était à Villebelle, il avait baptisé et marié une grande partie de la population. Aussi était-il en quelque sorte devenu son père. Il aimait à causer avec les paysans, à s'informer de leurs travaux, de leurs espérances, et tous se plaisaient à recevoir ses conseils.

Les malheureux, en s'adressant à lui, étaient toujours certains d'être écoutés. Si son peu de fortune empêchait M. Prugnot de soulager toutes les misères, il était assez aimé dans le pays pour ne pas craindre d'envoyer le pauvre au riche, et on le comprenait généralement. Les admirables exemples de sa charité inspiraient à ceux qui le connaissaient le désir de faire le bien.

M. Prugnot n'était pas un savant; sa longue expérience seule lui avait appris bien des choses.

L'histoire de M. Prugnot est celle de presque tous les curés de campagne. Sa mère, une femme essentiellement religieuse, était restée veuve et très-pauvre avec deux enfants. Le curé de son village ayant trouvé dans l'ainé une intelligence assez précoce, le prit chez lui, lui donna les premières notions de la langue latine et le fit entrer gratuitement au petit séminaire. Le second fils de la veuve Prugnot remplaça son frère chez le curé, qui lui donna également des leçons.

A l'âge de vingt-six ans, M. l'abbé Prugnot fut placé à la cure de Villebelle.

Quelque temps après son installation dans la commune, il lui arriva une aventure assez bizarre pour mériter d'être racontée : elle fera connaître aussi le caractère naturellement indépendant et rebelle du paysan.

La première instruction que le jeune prêtre fit à ses paroissiens fut écoutée attentivement et sembla produire une vive impression. M. Prugnot en ressentit une grande joie, et, pour se montrer de plus en plus digne des habitants de Villebelle, il ne laissait passer aucun dimanche sans faire briller son talent d'orateur.

Pendant deux mois, on supporta ses sermons avec assez de patience; mais un jour il fut tout à coup interrompu par ses auditeurs, au beau milieu de son discours : les uns se mouchaient, les autres toussaient, et tous ensemble faisaient un bruit à couvrir une voix dix fois plus forte que celle de M. Prugnot.

Le malheureux curé devint rouge d'abord, puis très-pâle; il jeta autour de lui des regards effarés, en se demandant ce qui avait pu motiver une interruption aussi étrange. Lorsque le silence se fut à peu près rétabli, il prononça quelques paroles en tremblant et quitta immédiatement la chaire.

— Comment ai-je fait pour déplaire à mes paroissiens? se demandait-il. Dans ce qui vient de se passer, ont-ils eu l'intention de me dire qu'ils ne veulent plus de moi pour leur curé?

Le soir, à la sortie des vêpres, il alla trouver un des membres du conseil de fabrique.

— Monsieur Bresson, lui dit-il, vous étiez à la messe, vous avez été témoin d'une chose vraiment regrettable. Pouvez-vous me dire ce que cela signifie?

— Cela signifie, monsieur le curé, que vous prêchez trop longtemps et trop souvent; les habitants de Villebelle n'aiment pas les sermons, et la raison, c'est qu'ils n'y comprennent rien. Si vous continuez à monter en chaire, avant trois mois vous ne verrez pas un seul homme à la messe. Croyez-moi, monsieur le curé, laissez là vos sermons, ne vous creusez plus la tête à chercher des choses fort belles assurément, mais dont on ne vous tiendra aucun compte à Villebelle.

A partir de ce jour, à l'exception des grandes fêtes de l'année, M. Prugnot ne prêcha plus si longuement; ses paroissiens lui surent gré de sa condescendance et ils le lui prouvèrent en assistant régulièrement à la messe le dimanche.

L'abbé Prugnot avait huit ans de plus que Jules Prugnot, son frère. Lorsqu'il fut nommé curé de Villebelle, Jules quitta le bon prêtre qui les avait élevés tous deux pour entrer à l'école normale du département. Deux ans après, il en sortit avec un brevet de capacité.

L'instituteur de Villebelle venait de mourir; l'abbé Prugnot fit nommer son frère à sa place.

Jules Prugnot épousa une jeune orpheline à qui ses parents avaient laissé une petite fortune évaluée à douze mille francs. Ils eurent un fils, Julien; mais sa naissance causa la mort de sa mère. Elle mourut en lui donnant le jour.

Jules Prugnot avait pour sa femme une de ces affections que rien ne peut briser et qui vivent avec le souvenir de l'être aimé. Il repoussa toutes consolations et se renferma dans sa douleur. Ni les douces paroles de son frère, ni la présence de son fils ne purent lui faire reprendre le goût de la vie; son âme n'appartenait déjà plus à la terre, et son corps, privé de cette substance immatérielle qui faisait sa force, s'avançait chaque jour vers la tombe. Le petit Julien n'avait pas encore quatre ans lorsqu'il perdit son père.

L'abbé Prugnot prit l'enfant chez lui et le confia aux soins de Marguerite, qui eut pour l'orphelin la tendresse d'une véritable mère. L'excellente fille, dont le cœur privé d'amour s'était engourdi, ne tarda pas à le sentir battre à la voix de l'enfant; elle connut toutes les émotions de la maternité, elle en eut les joies et les craintes. En un mot elle devint mère.

Lorsque Julien eut atteint sa huitième année, l'abbé Prugnot commença à s'occuper de son éducation. Elle ne fut ni mondaine, ni exclusivement religieuse; il s'appliqua à lui enseigner le bien et à tenir son esprit constamment éloigné de la pensée du mal. L'élève se montra docile aux leçons du maître, et ses facultés se développèrent dans l'admiration des belles choses.

Chaque jour il servait la messe de son oncle avec

un recueillement et une piété qui réjouissaient le cœur du bon curé.

— Mon neveu, se disait-il souvent, a toutes les qualités désirables pour entrer dans les ordres; il sera certainement un jour un ardent apôtre de la religion et un des ministres les plus zélés de l'Église.

Il cherchait à communiquer ses idées à l'enfant en lui parlant quelquefois à ce sujet.

Julien l'écoutait avec attention et répondait toujours :

— Oui, mon oncle, je serai curé comme vous.

L'abbé Prugnot embrassait alors son neveu, et, dans son enthousiasme, il le voyait déjà avec la mitre sur la tête.

III

Julien avait douze ans. Un jour, par une belle soirée du mois de juin, il sortit de Villebelle portant un livre sous son bras et se dirigea vers la Meuse, qui passe à une demi-lieue du village. Il s'assit au bord de l'eau, le dos appuyé contre le tronc d'une verne, ouvrit son livre et s'enfonça dans la lecture.

Il lisait depuis une heure environ, lorsque des cris joyeux attirèrent son attention. Il tourna la tête, et, à travers les branches entrelacées d'une haie d'aubépine, il aperçut plusieurs petites filles courant et jouant sur le gazon. La plus âgée pouvait avoir dix ans.

— Ah! les jolies boules blanches, s'écria tout à coup une des petites filles, en montrant à ses compagnes un arbrisseau dont les branches, garnies de fleurs d'une forme sphérique, se miraient dans la rivière.

— Ce sont des boules de neige, dit une autre petite fille.

— Des boules de neige ! quel joli nom ! reprit une troisième.

— Je voudrais bien en avoir une, dit la première petite fille en regardant les fleurs avec envie.

— Et moi aussi !

Et toutes répétèrent :

— Et moi aussi !

Je vais vous en donner, dit alors la plus grande en s'avançant vers l'arbuste.

De la place où il était, Julien regardait la gracieuse enfant et ne perdait pas un de ses mouvements.

Elle appuya sa main gauche sur une branche, et, se penchant sur la rivière, elle chercha à cueillir les boules de neige qui se balançaient à un mètre au-dessus de la surface de l'eau. Mais la branche, trop faible pour supporter le poids de son corps, se brisa. L'enfant poussa un cri de terreur et disparut sous l'eau.

Les autres petites filles, effrayées, s'enfuirent en criant et en appelant au secours.

Heureusement, Julien savait nager. Le courageux enfant ne calcula point si sa force pouvait lui permettre de sauver la jeune fille. Il jeta son livre, ôta ses souliers, se débarrassa de sa veste, sauta par-dessus la haie et plongea dans la rivière.

Il saisit l'enfant, la serra contre lui, et, tout en lui soulevant la tête hors de l'eau, il regagna la terre en nageant d'un seul bras. L'espoir de sauver la petite fille triplait ses forces. Au moyen de quelques racines découvertes, et en s'aidant de ses pieds et de ses genoux, il parvint à sortir de l'eau et à retirer l'enfant. Alors, il s'agenouilla près d'elle et se pencha sur son corps pour s'assurer qu'elle n'avait pas cessé de vivre. Un faible soupir s'échappa de la poitrine de la jeune fille; elle était sauvée.

Julien poussa un cri de joie et s'évanouit.

Un instant après, les parents de la petite fille, avertis par ses jeunes amies, arrivèrent. Jugez de leur surprise et de leur bonheur en la voyant étendue à côté de Julien, privée de sentiment, mais vivant encore.

Les deux enfants furent transportés à la maison, où l'on s'empressa de leur donner les premiers soins, pendant qu'un domestique montait à cheval pour courir à Villebelle chercher le médecin et prévenir l'abbé Prugnot.

En reprenant ses sens, la jeune fille regarda autour d'elle avec étonnement.

— Où suis-je? dit-elle d'une voix affaiblie.

— Dans ta chambre, mon enfant, répondit sa mère, et je suis près de toi.

— Ah! je me souviens... Je suis tombée dans la rivière. Qui donc m'a retirée?

— C'est M. Julien, le neveu de M. le curé.

— M. Julien! Oh! maman, je l'aime bien. Où est-il maintenant?

— Il est ici; seulement il est un peu malade.

— Je voudrais bien le voir.

— Quand tu seras remise tout à fait, tu pourras le remercier.

Le médecin arriva. Il examina les deux malades et leur trouva un peu de fièvre; mais il assura que le repos suffirait pour les rétablir, et que le lendemain ils seraient sur pied.

M. l'abbé Prugnot passa la nuit près de son neveu. A son réveil, Julien le vit debout devant son lit.

— Eh bien, mon ami, comment te trouves-tu? demanda le prêtre en l'embrassant.

— Tout à fait bien, mon oncle; je ne me sens plus aucun mal.

— Penses-tu être assez fort pour te lever?

— Oui, mon oncle.

M. Prugnot avait eu la précaution d'envoyer chercher à Villebelle des habits pour son neveu. Julien s'habilla et ils passèrent dans la salle à manger, où M. Ramon les attendait pour déjeuner.

Madame Ramon et mademoiselle Thérèse, complétement rétablie, ne tardèrent pas à paraître.

Julien fut loué, flatté et caressé; la petite Thérèse et sa mère l'embrassèrent plusieurs fois, et M. Ramon lui serra les mains comme s'il eût voulu les briser. Après le déjeuner il lui dit :

— Je n'oublierai jamais ce que vous avez fait pour nous hier, monsieur Julien. Sans vous, nous serions aujourd'hui dans les larmes et le désespoir. Ma fille vous doit la vie; ma femme et moi, nous vous devons le bonheur de nos vieux jours. Comptez donc sur notre éternelle reconnaissance. Il n'y a pas très-loin de Villebelle ici, venez nous voir souvent; la maison du Clos des Peupliers sera toujours ouverte pour vous, et on vous y recevra comme un fils.

Julien alla très-souvent au Clos des Peupliers; il y passait des journées entières dans la société de madame Ramon et de sa fille. Une étroite amitié s'établit entre les deux enfants, amitié encouragée par madame Ramon, qui avait donné à Julien une place dans son cœur à côté de Thérèse.

— Aimez-vous, mes enfants, leur disait cette bonne mère, aimez-vous bien, aimez-vous toujours.

Et, lorsqu'elle les voyait marcher l'un près de l'autre, sous les grands arbres du jardin, courir en se donnant la main ou sourire en se regardant, elle éprouvait une jouissance infinie : de douces larmes voilaient ses yeux, et elle se disait tout bas :

— Comme ils sont beaux! comme ils sont heureux! Ah! puissent-ils s'aimer toujours ainsi!

En grandissant, les deux enfants devinrent plus réservés l'un pour l'autre, mais leur affection ne fut pas moins tendre ; si elle ne se trahissait plus par leurs paroles, leurs cœurs en sentaient mieux la force.

— Julien atteignit sa seizième année. L'abbé Prugnot pensa qu'il était temps de s'occuper de l'avenir de son neveu.

— Mon cher Julien, lui dit-il un matin, nous allons nous séparer pour quelque temps; tu vas aller au séminaire.

— Je m'habituerai difficilement à vivre loin de vous, mon oncle, mais puisqu'il le faut...

— Tu désires toujours être prêtre, n'est-ce pas?

— Mes desirs sont les vôtres, mon oncle.

— C'est bien, mon garçon, dans huit jours nous partirons.

En quittant son oncle, Julien prit le chemin du Clos des Peupliers.

— Je ne pourrai bientôt plus vous voir, Thérèse, dit-il assez tristement à la jeune fille.

— Pourquoi donc, Julien?

— J'entre au séminaire dans huit jours.

— C'est donc bien vrai, vous voulez être curé?

— C'est l'intention de mon oncle.

Une nuance de tristesse se répandit sur le visage de la jeune fille.

— Je ne sais pas comment cela se fait, reprit-elle au bout d'un instant, j'ai envie de pleurer; je ne voudrais pas que vous fussiez curé, Julien.

Le jeune homme regarda Thérèse avec surprise; sa tristesse et ses paroles lui causèrent une vive émotion; il comprit vaguement que se faire prêtre serait se séparer d'elle pour toujours, et qu'elle était nécessaire au bonheur de sa vie.

— Thérèse, vous avez raison, s'écria-t-il, je ne dois pas être curé, je ne veux pas l'être.

Le soir même, Julien dit à M. Prugnot :

— Mon oncle, j'ai bien réfléchi sur ce que vous m'avez dit ce matin.

— Eh bien?

Je n'irai pas au séminaire.

— Serait-il vrai, Julien? Et pourquoi?

— Parce que je ne veux pas être prêtre, mon oncle.

Le bon curé fut atterré par cette déclaration.

— Tu ne veux pas être prêtre, reprit-il, que veux-tu donc être?

— Médecin.

— Médecin; mais tu ne sais pas combien il faut étudier pour cela.

— J'étudierai, mon oncle. Dans huit jours vous deviez me conduire au séminaire, conduisez-moi au collége.

— Il ne faut compter sur rien, se dit l'abbé Prugnot en branlant la tête; il veut être médecin, que sa volonté soit faite!

Huit jours après, Julien entrait au collége. Il y resta deux ans et demi, pendant lesquels il termina ses classes. Il revint à Villebelle avec les diplômes de bachelier ès sciences et ès lettres.

Il alla voir Thérèse. Elle avait perdu sa mère depuis peu; ils s'embrassèrent et pleurèrent ensemble.

— Je n'ai que deux mois à passer à Villebelle, lui dit Julien, je vais partir pour Paris.

— Je le sais, répondit la jeune fille.

— Je vous aime toujours, Thérèse. Et vous?

— Est-ce que je puis vous oublier?

— Je serai peut-être longtemps absent; m'attendrez-vous?

— Oui, répondit la jeune fille.

Ils se serrèrent silencieusement la main. Ils faisaient ainsi le serment d'être l'un à l'autre. Leurs cœurs n'avaient pas besoin de s'expliquer autrement pour s'entendre. Avant ce jour, ils ne s'étaient jamais dit qu'ils s'aimaient, mais ils l'avaient compris depuis longtemps; leur amitié s'était insensiblement changée en amour.

Julien partit. Il resta six ans à Paris, étudiant et travaillant sans jamais connaître la fatigue; le souvenir de Thérèse et l'espoir de l'obtenir un jour lui firent supporter patiemment les ennuis de son exil volontaire.

IV

Le matin, lorsque Julien ouvrit les yeux, les rayons du soleil frappaient sur les carreaux de sa fenêtre; dans le jardin, une fauvette chantait au milieu d'un massif de noisetiers. Neuf heures sonnaient. Il se leva et s'habilla.

La porte de sa chambre s'ouvrit doucement et Marguerite entra.

— Vous voilà levé, monsieur Julien! dit-elle; comment allez-vous?

— Très-bien, ma bonne Marguerite, très-bien.

— Vous avez bien dormi; je suis déjà venue trois fois dans votre chambre et vous ne m'avez pas entendue. Vous devez avoir faim; voulez-vous déjeuner?

Est-ce que mon oncle m'attend?

— M. le curé dit sa messe, mais vous ne déjeunez pas avec lui ce matin, vous savez pourquoi.

— C'est vrai, je me souviens, reprit le jeune homme en souriant, je dois manger seul vos deux perdreaux.

— Faut-il vous servir ?

— Oui, Marguerite, et je promets de faire honneur à votre déjeuner.

Julien se mit à table et mangea avec un appétit qui enchanta la vieille gouvernante. L'abbé Prugnot rentra comme il achevait son repas.

— Mon oncle, lui dit-il, je vais au Clos des Peupliers.

— C'est bien. Tâche de revenir avant la nuit. Tu souhaiteras le bonjour de ma part à M. Ramon.

Julien sortit et prit le chemin qui conduisait à la demeure du père de Thérèse.

C'est un ancien bâtiment qui appartenait, avant la révolution, aux comtes de Choiseul. Un jardin potager, un verger, un parc immense, des prés et des terres labourables, le tout entouré d'une haie d'aubépine et d'une double rangée de hauts peupliers, s'étendent autour de l'habitation. La Meuse traverse cette belle propriété et sépare les prairies du parc et des jardins. En face, et à quelque distance de la maison du maître, s'élève un autre bâtiment plus moderne : ce sont les écuries, les greniers et la demeure du fermier du Clos, qui fait valoir aussi un moulin bâti sur la rivière et dans l'enceinte marquée par les peupliers.

Antoine Ramon, l'aïeul du père de Thérèse, né

dans un pays quelconque — on n'en a jamais su le nom — vint s'établir à Villebelle avec sa femme et son fils, quelques années avant 93. Aussitôt, les habitants du village voulurent fouiller dans la vie antérieure de leur nouveau concitoyen, afin de savoir ce qu'il avait été et ce qu'il pouvait être encore. Mais tout ce qu'ils purent apprendre en trois ou quatre années, ce fut que M. Ramon avait soixante ans, sa femme cinquante-cinq et leur fils vingt-six; qu'il avait passé quarante années de son existence à colporter de village en village et de château en château de menus objets de mercerie, et, — on n'était pas certain de ceci — qu'il avait amassé de gros écus de six livres et de beaux louis d'or.

Le père Ramon laissait parler le monde, sans s'inquiéter de ce qu'on pensait de lui. Il continua à vivre tranquillement et à suivre, selon son expression, son petit bonhomme de chemin.

Après 93, lorsque les biens des émigrés furent mis en vente par le gouvernement de la république, Antoine Ramon prouva que ceux qui l'avaient supposé riche ne s'étaient pas trompés.

Il acheta la propriété des comtes de Choiseul, qui s'appelait alors les Quatre-Tours, et qu'on baptisa plus tard du nom de Clos des Peupliers.

Ce vaste terrain était planté de bois; Antoine

Ramon le fit couper, le vendit et en retira une somme double de celle que la propriété lui avait coûté. Cela lui permit de faire de nouvelles acquisitions importantes et d'augmenter considérablement son bien. Il acheta des chevaux, des charrues, laboura ses terres, les ensemença et se fit fermier sur ses vieux jours.

Mais lorsqu'il fut mort, son fils, se trouvant assez riche pour se dispenser de travailler, bâtit la ferme, y plaça un fermier, et fit exécuter divers travaux qui donnèrent au Clos des Peupliers la physionomie qu'il a aujourd'hui.

Revenons maintenant à Julien, que nous avons laissé sur la route qui conduit de Villebelle au Clos des Peupliers.

Il y arriva bientôt. A son approche, un coq et quelques poules qui grattaient sur une plate-bande levèrent la tête, puis se remirent à gratter ; un énorme boule dogue, couché sur le seuil en travers de la porte, fit entendre un grognement sourd et prolongé.

Julien s'avança de son côté. Le chien se leva et montra ses dents; mais après avoir regardé un instant la figure du jeune homme, il cessa de gronder; sa queue s'agita en signe de joie, et, s'élançant vers Julien, il se dressa devant lui, lui posa ses deux pattes sur la poitrine, et se mit à aboyer joyeusement.

— Excellente bête, dit Julien en passant sa main sur la tête du chien, il a su me reconnaître.

— Turc! Turc! à bas, vilaine bête! cria une voix derrière Julien.

Le chien obéit à la voix de son maître, mais il resta près du jeune homme.

— Monsieur Ramon! dit Julien en se retournant.

— Je suis enchanté de vous voir au Clos, monsieur Prugnot; depuis hier je sais que vous êtes de retour à Villebelle, je vous attendais.

— Ma première visite est pour vous, monsieur Ramon.

Ils entrèrent dans la maison.

J'ai su par Thérèse, dit M. Ramon en s'asseyant et en indiquant un siége à Julien, que vous nous reveniez docteur en médecine. Savez-vous que vous n'avez pas perdu votre temps à Paris! Médecin, c'est honorable, et puis, si ce n'est point la fortune, c'est toujours une position. Vous allez sans doute habiter à Villebelle et visiter les malades du pays? Je m'inscris dès aujourd'hui au nombre de vos clients. Mais je vous préviens que je ferai tout mon possible pour ne jamais avoir besoin de votre ministère.

— En ce cas, vous serez un bien mauvais client, dit Julien en riant.

— Si tout le monde était comme moi, on pourrait sans danger supprimer les médecins et leurs écoles. Je n'ai jamais eu besoin d'aucun de ces messieurs, et c'est précisément pour cela que je ne crois pas à leur très-grande utilité, : je pense aussi que la plupart des malades le sont parce qu'ils se figurent l'être.

— Les malades existent, monsieur Ramon, car il y a des maladies. Vous avez toujours joui d'une santé parfaite, il n'est pas étonnant que vous doutiez de la médecine; mais si un jour vous êtes retenu dans votre lit par une maladie quelconque, vous comprendrez alors qu'il y a de véritables malades, et qu'il faut des hommes pour les soulager, sinon pour les guérir.

— C'est possible. Vous défendez les médecins, rien n'est plus juste, et j'aurais mauvaise grâce à vouloir vous chicaner à ce sujet. Je n'ai jamais été malade, c'est vrai; mais cela peut me venir comme aux autres. Il est néanmoins une maladie à laquelle je crois quand même, c'est celle dont on meurt. Mais c'est assez causer médecine comme cela, parlons d'autre chose. Vous nous restez toute la journée?

— On ne m'attend chez mon oncle qu'à la nuit.

— A la bonne heure ! Voulez-vous m'accompagner à la ferme? J'y ai fait quelques changements, vous verrez cela.

Julien, malgré l'impatience qu'il avait de voir Thérèse, accepta cependant l'invitation de M. Ramon, en déguisant sa contrariété sous un semblant de curiosité qui ravit le propriétaire.

Après avoir visité les écuries, les granges, les greniers, M. Ramon commença à développer sa théorie sur l'art de cultiver la terre et de l'ensemencer, sur les engrais, les irrigations, les prairies artificielles et sur la manière d'élever les bestiaux.

Julien était à la torture. Heureusement, au moment où M. Ramon terminait la première partie de ses explications, un garçon de ferme vint l'avertir que le géomètre l'attendait pour arpenter une de ses propriétés.

— Je suis obligé de vous quitter, dit-il au jeune homme, je vous dirai le reste ce soir. En m'attendant, vous causerez avec Thérèse : elle est dans le jardin.

Julien, libre enfin de courir où son cœur était depuis longtemps, s'éloigna en poussant un soupir de soulagement.

Thérèse, assise sous un berceau autour duquel

le chèvre feuille, la viorne, le laurier-thym et la vigne vierge grimpaient en entrelaçant leurs tiges flexibles, Thérèse, dis-je, travaillait à une broderie. En voyant Julien paraître à l'entrée du berceau, elle fit un mouvement pour se lever.

— Ne vous dérangez pas, mademoiselle, lui dit le jeune homme. Et il s'assit près d'elle.

— Vous avez été bien longtemps avec mon père, dit Thérèse.

— Vous saviez donc que j'étais arrivé?

— Oui, je vous ai vu venir.

— Est-ce que vous m'attendiez, Thérèse?

— Vous m'aviez dit que vous feriez une visite à mon père.

— Je vous ai dit aussi que je désirais vous parler.

La jeune fille leva ses beaux yeux sur Julien et les baissa aussitôt.

— Vous rappelez-vous, Thérèse, la conversation que nous avons eue ensemble quelque temps avant mon départ pour Paris?

— Oui, répondit faiblement la jeune fille.

— Vos paroles sont restées gravées dans mon cœur, Thérèse : elles m'ont donné la volonté et la force dans le travail; elles m'ont aidé à supporter de bien rudes épreuves, car elles me faisaient espérer une récompense. Lorsque, parfois, l'ennui et le découragement s'emparaient de moi, je me disais : Allons, soyons fort; il ne faut pas me laisser abattre; Thérèse m'attend, le bonheur est là-bas. Et je me remettais à travailler avec une nouvelle ardeur, le cœur plein de votre souvenir. Le moment de vous revoir est enfin venu. Quelle joie j'éprouvai en m'éloignant de Paris, de Paris où je ne laissais rien, pour revenir à Villebelle, que mon cœur et ma pensée n'avaient jamais quitté ! Puis, au moment d'arriver je devins triste; mes yeux, malgré moi, s'emplissaient de larmes. Je craignais d'avoir été oublié : six années sont si longues !... C'est que, voyez-vous, Thérèse, votre amour est ma vie, et s'il me manquait..... Thérèse ! Thérèse ! ajouta-t-il avec émotion, m'aimez-vous encore ?

— Monsieur Julien ! dit la jeune fille.

— Ces deux mots furent prononcés avec un accent qui était en même temps un reproche et un aveu.

— Pardonnez-moi, Thérèse, pardonnez-moi, s'écria le jeune homme ; il lui prit les mains, il les embrassait ; il riait et pleurait de bonheur.

Thérèse, attendrie, heureuse, lui souriait et le regardait avec amour.

Alors ils se mirent à causer de leurs projets

pour l'avenir, du bonheur qu'ils devaient avoir. La vie leur semblait si belle!... Ils étaient jeunes et ils s'aimaient : n'avaient-ils pas le droit d'espérer ?

Autour d'eux, tout disait : plaisir, amour. Des oiseaux chantaient sur les arbres voisins, la brise se jouait dans le feuillage, les abeilles passaient en bourdonnant et les fleurs se balançaient gracieusement sur leurs tiges, répandant leurs parfums autour d'elles.

Pouvaient-ils avoir de tristes pensées, lorsque sous leurs yeux tout semblait riant et heureux?...

Ils restèrent ainsi longtemps, l'un près de l'autre, les mains unies, parlant beaucoup, s'embrassant quelquefois, et se disant sans cesse :

— Je t'aime!

La voix de M. Ramon troubla leur doux tête-à-tête; il venait les chercher pour dîner.

V

— Mon oncle, dit un jour Julien à l'abbé Prugnot, je voudrais vous entretenir un instant.

— Comme tu as l'air mystérieux ! De quoi s'agit il donc ?

— D'une chose sérieuse, mon oncle, très-sérieuse même.

— Voilà un début qui pique singulièrement ma curiosité. Passons dans ma chambre, nous pourrons y causer librement.

M. Prugnot s'assit commodément dans un fauteuil et Julien sur une chaise, en face de lui.

— Maintenant, dit le prêtre, en appuyant sa tête sur sa main, voyons ce que tu as de si intéressant à me dire.

J'aime mademoiselle Ramon, mon oncle, dit Julien.

— Tu aimes Thérèse ! s'écria l'abbé Prugnot.

— Oui, mon oncle, je l'aime depuis longtemps.

M. Prugnot baissa la tête et réfléchit.

— J'aurais dû m'en douter, reprit-il, en se parlant à lui-même.

— Me blâmeriez-vous, mon oncle?

— Non, non ! Thérèse mérite d'être aimée, c'est une bonne fille; mais...

Eh bien, mon oncle?

— Mademoiselle Ramon t'aime-t-elle?

— Si Thérèse ne partageait pas mes sentiments, je ne vous en parlerais pas aujourd'hui.

— C'est juste. Vos cœurs sont bien faits pour s'entendre; mais...

— Je vous en prie, mon oncle, expliquez-vous!

— Mon pauvre Julien ! tu te prépares bien des chagrins.

— Je ne vous comprends pas, mon oncle !

— Si le père de Thérèse te refuse sa fille?

— Mais elle m'aime !

L'abbé Prugnot secoua tristement la tête.

— Mon cher Julien, reprit-il, tu ne connais pas M. Ramon; il est, avant tout, homme d'argent, et, pour marier sa fille, il consultera moins son cœur que la fortune de son futur gendre.

— Et vous croyez qu'il me repoussera?

— Je le crois.

— J'ai aujourd'hui une position indépendante, mon oncle.

— C'est vrai, mais tu es pauvre.

— Qu'importe ma pauvreté! s'écria le jeune

homme; **M.** Ramon doit-il hésiter lorsqu'il s'agit du bonheur de Thérèse? Il me connaît depuis assez longtemps pour être sûr de moi. Ce n'est pas sa fortune que je désire; s'il tient à ses misérables richesses, qu'il les garde ; je suis jeune et j'ai assez de talent et de courage pour gagner de quoi suffire aux besoins de ma femme sans rien demander à son père.

— Tu raisonnes en amoureux, Julien; **M.** Ramon est orgueilleux comme le sont tous nos bourgeois campagnards ; en mariant sa fille, il la dotera richement, ne serait-ce que pour l'entendre répéter par tout le monde : il faut que sa vanité soit satisfaite. Mais ce à quoi il tient, c'est que la fortune de son gendre soit égale à la sienne.

— Je ne puis croire que **M.** Ramon fasse un semblable calcul, mon oncle, lorsqu'il se trouve surtout en opposition avec le cœur de sa fille.

— Je me trompe peut-être, dit l'abbé Prugnot.

— Vous vous trompez sûrement, mon oncle.

— Je le veux bien, je le souhaite même pour ton bonheur, mon garçon. Enfin quel est ton projet?

— Je voulais vous prier, mon oncle, d'aller trouver **M.** Ramon et de lui demander pour moi la main de mademoiselle Thérèse.

— J'irai, répondit simplement **M.** Prugnot.

Le lendemain, le curé de Villebelle, tout en lisant son bréviaire, s'achemina vers le Clos des Peupliers.

Il trouva M. Ramon se promenant avec agitation dans son salon.

— Vous paraissez contrarié, monsieur Ramon? lui dit-il. Le moment de ma visite est peut-être mal choisi?

— Je ne suis pas seulement contrarié, monsieur l'abbé, je suis furieux.

— La colère est quelquefois excusable, dit le prêtre avec douceur.

— Jusqu'à ce jour, Thérèse ne m'avait jamais donné le droit de me plaindre d'elle.

— C'est donc Thérèse qui vous a déplu?

— Oui, c'est elle. Au lieu d'être une fille dévouée, obéissante, je la trouve rebelle à ma volonté.

— Aucune créature du bon Dieu n'est parfaite, monsieur Ramon, nous avons tous des instants où la raison cesse de nous guider. Thérèse a pu vous mécontenter aujourd'hui, mais demain vous la verrez soumise.

— Je l'espère bien.

— Ce qui m'amène aujourd'hui chez vous, monsieur Ramon, la concerne précisément.

— Ah!

— Je viens vous demander sa main pour mon

neveu, Julien Prugnot..... — M. Ramon fronça les sourcils.

— Parlez-vous sérieusement, monsieur l'abbé? dit-il.

— Mon caractère et l'habit que je porte...

— C'est bien, interrompit vivement M. Ramon. Et ma fille, est-elle instruite de votre démarche?

— Thérèse doit y avoir consenti.

— Ainsi, elle aime votre neveu?

— Je le crois.

— Je m'explique maintenant sa conduite. Voilà le grand motif de sa résistance. M. Julien est un honnête garçon que j'estime, monsieur Prugnot; mais je ne puis lui accorder ma fille, car j'ai déjà choisi le mari que je lui destine.

L'abbé Prugnot devint blanc comme un suaire.

— Mon pauvre Julien! murmura-t-il.

— Une heure avant votre arrivée, continua M. Ramon, je faisais part à Thérèse de la demande qui m'a été faite de sa main par M. Daumer, le propriétaire des forges de Renoncourt. Elle m'a répondu qu'elle ne se marierait point à un homme qu'elle n'aimerait pas et qu'elle ne pourrait jamais aimer. C'est cette réponse qui m'a mis dans l'état où vous m'avez trouvé tout à l'heure. M. Daumer est l'homme le plus considérable de l'arrondissement; il a ma parole, et vous comprenez que je ne puis la lui retirer sans l'offenser mortellement. Thérèse sera sa femme. Monsieur l'abbé, ajouta-t-il, une fille doit-elle obéir à son père?

— Oui, répondit M. Prugnot.

— Ne se rend-elle pas coupable en lui résistant?

— Oui, certainement, mais...

— Il faut que Thérèse épouse M. Daumer, la tranquillité de ma vie dépend de ce mariage. Cependant, je ne voudrais pas user de mon autorité pour obtenir le consentement de ma fille, elle doit le donner volontairement. Elle a toujours eu une grande confiance en vous, monsieur l'abbé, parlez-lui, faites-lui comprendre que son devoir est de m'obéir ; vous préviendrez ainsi un scandale et vous ramènerez la joie dans une famille.

— J'essayerai, dit le prêtre.

Et il quitta M. Ramon pour se rendre auprès de la jeune fille.

C'était une triste mission qu'il allait remplir, le bon curé. Dans sa naïveté religieuse, il ne voyait que la lettre de la loi : Honorer son père et sa mère et leur obéir comme à Dieu. Il aurait bien voulu faire comprendre à M. Ramon qu'un père doit avant tout désirer le bonheur de ses enfants, mais il ne se sentait pas assez fort pour s'opposer à la volonté du père de Thérèse, qu'il savait inflexible. Il n'y avait plus qu'à baisser la tête et à se résigner.

M. Prugnot avait pour toute autorité une vénération profonde. Il prévoyait cependant les souffrances qu'éprouveraient Thérèse et son neveu en se voyant séparés; mais, arrêté par ce qu'il s'imaginait être son devoir, il ne pouvait blâmer M. Ramon. Ce même devoir lui commandait aussi de faire son possible pour rendre la jeune fille soumise aux ordres de son père.

Il la trouva dans sa chambre, à genoux et pleurant près de son lit.

— Je viens causer avec vous, Thérèse, lui dit-il.

La jeune fille prit son mouchoir et essuya ses yeux.

— Bonjour, monsieur le curé, dit-elle. Vous avez vu mon père?

— Oui, Thérèse, je l'ai vu. Il se plaint de vous, mon enfant.

— Je pourrais me plaindre aussi, monsieur le curé.

— Non, Thérèse; votre père vous donne un mari, vous devez l'accepter.

— Moi, épouser M. Daumer! J'aime mieux mourir!

— Celui qui nous a donné la vie à tous, nous défend de souhaiter la mort, Thérèse.

— Que faut-il donc que je fasse?

— Obéir à votre père, mon enfant.

— Mais, monsieur le curé, j'aime Julien! s'écria la jeune fille.

— Je le sais, Thérèse; mais Julien ne peut être votre mari, du moment que votre père en a choisi un autre.

— Vous me donnez donc tort, vous aussi, monsieur le curé?

— Je dois vous montrer votre devoir, mon enfant.

— Oh! non, c'est impossible, on ne saurait me forcer à prendre pour mari un homme que je n'aime pas.

Des sanglots étouffèrent sa voix et elle cacha sa tête dans ses mains.

— Thérèse, écoutez-moi, reprit M. Prugnot après un moment de silence, vous devez suivre les ordres de votre père, car il est le représentant de Dieu; lui résister serait offenser le maître de tout ce qui existe. Que gagnerez-vous, après tout, en lui désobéissant? Vous attirerez sur vous sa colère et la malédiction du ciel, qui ordonne aux enfants de respecter et d'aimer leurs parents.

Croyez-moi, Thérèse, épousez M. Daumer. Dieu ne vous abandonnera pas; il vous donnera la force d'oublier Julien et vous tiendra compte un jour du sacrifice que vous aurez fait pour plaire à votre père.

— Que je suis malheureuse! s'écria la jeune fille en pleurant.

— Du courage, mon enfant, du courage.

— Et Julien, que penserait-il de moi?

— Il vous en estimera davantage, et votre exemple lui donnera la force de vous oublier aussi.

— Il croira que je ne l'aimais pas.

— Au contraire, Thérèse, il vous admirera.

La jeune fille laissa tomber sa tête sur son sein.

— Eh bien, Thérèse, reprit M. Prugnot, avez-vous pris votre résolution?

— J'obéirai, puisqu'il le faut, monsieur le curé, mais j'en mourrai.

— Vous vivrez, Thérèse, vous vivrez pour être heureuse; on trouve aussi des joies dans l'accomplissement de son devoir.

La jeune fille secoua tristement la tête.

L'abbé Prugnot sortit de la chambre et retrouva M. Ramon qui l'attendait dans le salon.

— Thérèse est prête à vous obéir, lui dit-il.

Et, sans ajouter une parole, il le salua et se retira.

Julien, impatient de connaître le résultat de la démarche de son oncle, était venu au-devant de lui.

Ils se rencontrèrent au bout de l'allée des Lilas.

— Eh bien, mon oncle? dit Julien.

— Il ne faut plus penser à Thérèse, mon garçon.

— Que me dites-vous? que vous a dit M. Ramon?

M. Prugnot raconta alors à son neveu ce qui s'était passé entre lui et le père de Thérèse.

— Thérèse n'aime pas ce M. Daumer! s'écria Julien, elle ne peut l'épouser.

— Elle l'épousera, puisque son père le veut.

— L'aurait-elle promis?

— Oui.

— Ce n'est pas possible! En faisant cela, Thérèse serait coupable, coupable de m'avoir trompé, elle m'aurait menti. Pourquoi me dire qu'elle m'aimait? Je veux la voir, je veux lui parler.

Et il s'élança dans la direction du Clos des Peupliers.

— Julien! Julien! écoute-moi! lui cria M. Prugnot.

Le jeune homme s'arrêta et revint lentement sur ses pas.

— Où veux-tu aller? lui dit le prêtre. Parler à Thérèse? Son père ne te laissera pas arriver jusqu'à elle. Crois-moi, Julien, si M. Ramon te refuse la main de sa fille, ce n'est point parce qu'il l'a promise à un autre, mais bien parce que tu es pauvre. Une grande raison le fait agir : l'orgueil de l'homme riche. Tu te briserais contre sa volonté, mon pauvre ami. Oublie Thérèse, c'est tout ce qui te reste à faire.

— L'oublier ?... Jamais !...

— Au moins ne cherche plus à la revoir. Veux-tu que M. Ramon te ferme sa porte? C'est assez qu'il t'ait refusé sa fille, tu ne dois pas t'exposer à recevoir une nouvelle injure. Veux-tu qu'il dise, — et il le dirait, — que ton affection est basée sur l'intérêt, que tu désires épouser la dot de Thérèse?

— Il oserait supposer !

— M. Ramon pourrait le croire.

— Ce serait affreux. Ainsi, ma pauvreté m'interdit de parler?

M. Prugnot passa le bras de son neveu sous le sien et ils regagnèrent silencieusement le village.

Dès qu'il fut rentré au presbytère, Julien s'enferma dans sa chambre. Devant son oncle, il avait eu assez de force pour contenir sa douleur; mais il ne se trouva pas plus tôt seul qu'il se mit à pleurer.

VI

Dans la soirée, M. Prugnot vint voir son neveu pour essayer de le consoler. Mais ses paroles ne produisirent aucun effet sur le jeune homme, qui l'écouta sans avoir l'air de le comprendre Il paraissait frappé d'insensibilité.

Le curé, effrayé en présence d'un aussi grand désespoir, se retira. Il commençait à se repentir du rôle qu'il avait joué près de Thérèse en l'amenant à céder à la volonté de son père; il s'accusait d'avoir séparé les deux jeunes gens, et n'était pas éloigné de croire qu'il aurait dû, au contraire, s'employer pour eux auprès de M. Ramon et encourager la résistance de la jeune fille.

Marguerite appela Julien pour dîner. Il répondit qu'il n'avait pas faim, et, malgré toutes les instances de la gouvernante, il refusa de sortir de sa chambre.

La bonne fille ne savait rien de ce qui se passait; mais en voyant la tristesse de M. Prugnot, elle comprit que son cher Julien devait être très-malheureux.

A minuit, le jeune médecin n'avait pas encore quitté la place qu'il occupait au moment de la visite de son oncle. Assis près de sa table, la tête dans ses mains, il pleurait toujours; de sourds gémissements s'échappaient de sa poitrine oppressée. Des pensées étranges, des idées incohérentes se heurtaient dans sa tête malade. Sa raison semblait l'abandonner, il ne savait plus s'il souffrait. Son être était anéanti.

— Ah! Thérèse! Thérèse! s'écria-t-il; vous ne savez pas aimer, puisque votre amour n'a pas été assez fort pour vous faire résister à votre père. Vous avez oublié vos promesses et trahi vos serments; vous avez fait plus, vous m'avez enlevé la sainte croyance que j'avais en vous.

— Mais, non, reprenait-il, elle m'aime, j'en suis sûr; elle n'a dû céder qu'aux menaces de son père. Pauvre Thérèse! je l'accuse, et dans ce moment elle souffre peut-être autant que moi. Son père a-t-il donc le droit de disposer de son cœur? Non. Il y a des lois pour la protéger. Mais est-ce à moi à les invoquer? Mon oncle a raison, je suis pauvre, je dois me taire. Ne plus revoir Thérèse! la perdre pour toujours! Oh! cette pensée est affreuse! Si je pouvais lui parler une fois, une seule fois, peut-être... Mais comment? Rentrer chez

M. Ramon serait une lâcheté. Tout ce que je puis faire, c'est de lui écrire.

Il alluma une bougie, se plaça devant son bureau et écrivit ces lignes :

« Qu'avez-vous fait, Thérèse? Il y a quelques jours à peine, vous me promettiez de m'aimer toujours, et vous consentez à en épouser un autre! Ou vous ne m'aimez pas, ou vous avez manqué de force, Thérèse. Lequel croire? Dois-je vous plaindre ou dois-je vous accuser? Si votre amour avait été aussi grand que le mien, aucune puissance humaine n'aurait pu nous désunir et briser en un instant l'œuvre de plusieurs années. Vous étiez l'espoir et le but de ma vie, Thérèse; j'ai attendu le bonheur que vous deviez me donner, et c'est au moment de l'obtenir que je dois y renoncer!

» N'avez-vous donc plus le souvenir du passé? Votre mère a vu naître et grandir notre amour; elle a souri à nos premiers baisers; elle m'a appelé son fils : « Aimez-vous! nous disait-elle en nous « embrassant; aimez-vous! un jour vous serez « heureux. » Je me souviens de ces paroles, Thérèse; et vous, vous les avez oubliées.

« Mais non, vous étiez sincère; vous m'aimez encore, je veux le croire. Vous n'épouserez pas M. Daumer. Votre père peut vous refuser à mon amour, mais il ne saurait vous contraindre à vous marier avec un autre. Sachez-le, Thérèse, le seul obstacle qui nous sépare, c'est mon manque de fortune. Eh bien ! je travaillerai, je deviendrai riche puisqu'il le faut. Oh ! je ne manquerai jamais de courage tant que j'aurai l'assurance que vous pensez à moi et l'espoir de vous obtenir.

« J'attends votre réponse, Thérèse ; mon bonheur, ma vie en dépendent.

« JULIEN. »

Il plia sa lettre, la cacheta et alla s'appuyer sur l'entablement de la fenêtre. En face de lui l'horizon commençait à blanchir, les étoiles disparaissaient une à une. Un rossignol, par son chant langoureux, saluait les premières lueurs du crépuscule.

Le soleil se leva. Julien le vit paraître et monter avec joie ; l'heure de se rendre au Clos des Peupliers approchait.

Marguerite vint frapper à sa porte. Il lui ouvrit.

— Quoi ! vous êtes déjà levé, monsieur Julien ?

— Oui, Marguerite, je suis déjà levé.

— Sainte Vierge, s'écria-t-elle en regardant le lit, vous ne vous êtes pas couché ! Vous n'avez pas mangé hier soir, vous n'avez pas dormi cette nuit, vous voulez donc vous rendre malade, monsieur Julien ?

— Tranquillisez-vous, Marguerite.

— Oh! il y a quelque chose de mauvais pour nous dans tout cela. Monsieur le curé a pleuré en vous quittant hier; oui, monsieur Julien, il a pleuré.

— Cher oncle! murmura le jeune homme.

— Qu'est-ce que cela signifie? On ne peut donc pas me le dire? continua Marguerite.

— Vous le saurez un jour.

— Il est des choses qu'une femme devine aisément, monsieur Julien; vous avez à vous plaindre de quelqu'un.

— Peut-être, Marguerite.

— Sortirez-vous aujourd'hui?

— Oui.

— Vous irez au Clos?

— Pourquoi me faites-vous cette question?

— Parce que je croyais... que vous n'iriez plus.

Julien la regarda avec surprise.

— Vous ne vous êtes pas trompée, Marguerite, vous avez deviné la cause de mon chagrin... Voulez-vous préparer mon déjeuner? ajouta-t-il.

— Qu'est-ce que vous désirez manger?

— Ce que vous voudrez.

— J'ai des œufs frais.

— Des œufs, soit; ce sera plus vite fait.

Une heure après, Julien arrivait au Clos des Peupliers. Mais au lieu d'y entrer par la grille, il prit un sentier à gauche et descendit jusqu'à la Meuse, en longeant le jardin et le parc. Il ne savait pas encore comment il pourrait faire parvenir sa lettre à Thérèse.

Le seul moyen facile était de la remettre à un domestique de M. Ramon ou à un garçon de ferme, mais ce moyen n'offrait pas une très-grande sûreté. Julien ne connaissait pas assez les personnes attachées au Clos des Peupliers pour avoir en elles une entière confiance. Alexandrine, la femme de chambre, était la seule à qui il pouvait confier sa lettre sans crainte, mais il fallait la rencontrer.

Il pénétra dans le parc et s'y promena pendant une heure environ. Il s'était peu à peu rapproché des jardins en ayant soin de marcher au milieu des massifs, derrière les haies et les buissons, tant il craignait d'être vu par M. Ramon.

Enfin, une femme sortit de la maison et s'avança dans la direction de Julien. C'était Alexandrine. Elle s'arrêta à quelques pas de l'endroit où le jeune homme se tenait caché et se mit à cueillir des fraises.

Julien l'appela doucement. En entendant prononcer son nom, Alexandrine regarda autour d'elle avec étonnement.

— C'est moi, dit Julien en passant sa tête à travers le feuillage.

— Monsieur Julien! Je ne croyais guère vous trouver ici, dit Alexandrine en s'approchant du jeune homme.

— Pouvez-vous me donner des nouvelles de mademoiselle Thérèse?

— Mademoiselle?... Ah! la pauvre petite, depuis hier elle pleure tant que ça fait pitié.

— Elle pleure! serait-il vrai?

— C'est facile à comprendre; mademoiselle vous aime et il faut qu'elle épouse M. Daumer. C'est bien malheureux tout de même, monsieur Julien, car, sans vous flatter, vous êtes plus joli garçon que lui.

— Pourquoi consent-elle à l'épouser?

— Il a bien fallu; monsieur s'est mis en colère et lui a fait une scène... La chère enfant n'a osé dire non. M. Daumer est arrivé ce matin au Clos à huit heures; on doit fixer aujourd'hui le jour du mariage.

— Déjà? s'écria Julien.

— Oui, ils ne veulent pas laisser à mademoiselle le temps de se reconnaitre.

— Voici une lettre, dit Julien, voulez-vous vous en charger et la remettre à mademoiselle Thérèse?

— Je la remettrai, monsieur Julien; mademoiselle l'aura dans un instant.

— Merci, Alexandrine, merci; je savais d'avance que vous feriez cela pour moi.

Ils se séparèrent, et Julien s'éloigna rapidement. Il sortit du parc et reprit le chemin qu'il avait suivi une heure auparavant, pour retourner à Villebelle.

Comme il allait entrer dans l'avenue du Clos, autrement appelée l'allée des Lilas, la voix de M. Ramon frappa son oreille. Il se blottit derrière un bouquet d'arbustes, écoutant et regardant. M. Ramon causait avec un homme âgé de quarante ans environ.

Julien devina aussitôt, dans ce personnage qu'il ne connaissait pas, son rival, M. Daumer. Il ne se trompait point. Lorsqu'ils passèrent près de lui, il put saisir ces paroles :

— Qui sait? disait M. Ramon; il faut absolument que vous soyez mariés dans quinze jours.

— Avouez, mon cher Ramon, que vous avez peur de ce petit M. Prugnot.

— Peur, non; mais on ne sait pas de quoi les amoureux sont capables. Thérèse est bien disposée en ce moment; il ne faut pas qu'un retard lui permette de changer d'idées.

— Votre fille ne vient-elle pas de me donner sa parole?

— C'est vrai, mais...

— Allons donc! ma personne suffit pour la maintenir dans ses bonnes intentions.

— Si elle revoyait le neveu du curé, je ne répondrais pas...

M. Daumer se mit à rire bruyamment, et lorsque M. Ramon reprit la parole, Julien ne put entendre que ces mots :

— J'y ai mis bon ordre.

Les deux hommes se trouvaient déjà loin de lui.

—Mariée dans quinze jours s'écria! Julien. Oh! tout est perdu, ma lettre arrivera trop tard.

Il se releva, s'élança dans la campagne et courut comme un insensé à travers champs jusqu'au village.

Mademoiselle Ramon venait de quitter son père et M. Daumer et de rentrer chez elle, lorsque la femme de chambre se présenta devant elle.

La jeune fille, les yeux rougis par les larmes qu'elle avait versées, était assise tristement près de la fenêtre. Ses joues avaient perdu leur teinte rosée; le sourire ne reposait plus sur ses lèvres décolorées. Sa tête, légèrement inclinée, la fixité de son regard terne, l'oppression de sa poitrine, et jusqu'à ses moindres mouvements, tout en elle trahissait un sombre désespoir.

— Mademoiselle, je viens de voir M. Julien, lui dit Alexandrine.

— Julien! il est venu ici? Il ne sait donc pas...

— Il sait tout, mademoiselle.

— Que voulait-il, alors?

— Il apportait une lettre pour vous. La voici.

Thérèse la prit en tremblant, et ses yeux se voilèrent de larmes.

Alexandrine se retira.

La jeune fille ouvrit la lettre : mais elle essuya plusieurs fois ses yeux pour en faire la lecture.

— J'en étais sûre, il doute de moi! s'écria-t-elle après avoir lu. Ah! il ne sait pas combien je suis malheureuse! Il me demande une réponse; que puis-je lui dire? Il n'y a plus de bonheur pour nous sur la terre; nous sommes séparés pour toujours, j'ai promis...

Des sanglots déchirants l'empêchèrent de continuer. La pauvre enfant était brisée par la douleur; on ne l'enlevait pas seulement à celui qu'elle aimait, on la condamnait à vivre avec un autre. Ses illusions de jeune fille, ses joies, ses beaux rêves d'avenir, tout cela disparaissait. Son amour, fortifié par les années, ne devait jamais fleurir dans son cœur.

Elle relut une seconde fois la lettre de Julien; puis, appelant à son secours la force qui lui restait, elle écrivit sa réponse, qu'elle remit immédiatement à Alexandrine en la priant de la faire parvenir au jeune homme.

La femme de charge, sous prétexte d'aller voir sa sœur, se rendit à Villebelle et donna la lettre à la gouvernante de M. Prugnot, qui la porta aussitôt à Julien.

Il l'attendait avec impatience; mais quoiqu'il eût hâte de la lire et de savoir s'il pouvait encore espérer, il la couvrait de baisers et n'osait en briser le cachet. Il l'ouvrit enfin. Voici ce qu'elle contenait :

« Ne m'accusez pas, Julien, mais plaignez-moi. Mon père le veut, j'obéis. Pourrais-je résister à sa volonté absolue? Vous êtes moins malheureux que moi, Julien, vous restez libre. Ne dites point surtout que je ne vous aimais pas; l'idée seule que vous pouvez le croire me fait un mal horrible. Vous m'oublierez, mon ami, je l'espère, je le veux, puisque nous ne devons plus nous revoir, et vous aurez encore des jours de bonheur. En renonçant à vous, Julien, je n'ai pas seulement sacrifié mon amour, mais ma vie, que j'avais rêvée si belle. Je sens déjà qu'elle m'abandonne : mon âme est à Dieu, mon cœur vous appartient, le reste ne vit plus. Adieu, Julien, adieu ; nous nous retrouverons au ciel, près de ma mère. Là, nous pourrons nous aimer encore.

« Thérèse. »

La lettre s'échappa des mains de Julien et tomba à ses pieds. Une pâleur livide couvrit son visage ; son regard devint étrange. Il ne prononça pas un mot, mais au frémissement de ses lèvres, à l'expression sinistre que prit sa physionomie, on aurait compris qu'une sourde colère grondait en lui contre M. Ramon.

Il se leva et fit deux ou trois fois le tour de sa chambre, très-agité. Ses yeux tombèrent sur la lettre, il la ramassa, et, la pressant sur ses lèvres :

— Pauvre enfant ! dit-il, ils la tueront. Elle veut que je l'oublie ! Chère Thérèse, t'oublier ! Ton image ne s'effacera jamais de mon cœur ; c'est ton sanctuaire, un autre amour le profanerait.

Nous avons chacun notre destinée, reprit-il ; il faut que la mienne s'accomplisse.

VII

Le jour fixé pour le mariage était arrivé. De neuf à dix heures, les salons de M. Ramon se remplirent d'invités. Les gros propriétaires des environs s'y faisaient remarquer par leur costume emprunté aux modes anciennes et nouvelles, — pantalons, chapeaux et habits de différentes époques, — et leurs discours sur la valeur des terres et leurs produits. Les uns étaient venus à pied, les autres dans des carrioles, cabriolets, berlines ou autres véhicules dont les beaux jours devaient remonter à la régence. Leurs femmes, grosses, rouges et grasses pour la plupart, brillaient surtout par leur silence et leur roideur, qu'elles voulaient faire prendre pour de la dignité.

Le sous-préfet, le receveur des contributions indirectes, le président du tribunal, l'ingénieur en chef, l'inspecteur des eaux et forêts, un capitaine de gendarmerie et quelques autres fonctionnaires s'étaient rendus à l'invitation de MM. Daumer et Ramon, et venaient honorer, par leur présence, le mariage de la fille de ce dernier. Ces messieurs étaient salués jusqu'à terre; les dames leur souriaient aussi gracieusement que possible. Elles faisaient des frais de coquetterie pour en être distinguées, et plus d'une souhaitait intérieurement se trouver, au dîner, placée à côté de M. le sous-préfet, de M. l'inspecteur, de M. le président ou de M. l'ingénieur.

La figure de M. Ramon semblait couverte d'une couche de vermillon; le bonhomme se gonflait d'orgueil et d'amour-propre satisfait; la joie l'étouffait.

L'heure du départ était passée, et la mariée ne paraissait pas encore; tout le monde l'attendait.

M. Ramon, aussi impatient, et peut-être plus que les autres, quitta le salon pour aller la chercher. La couturière achevait de l'habiller.

— On t'attend, ma fille, lui dit M. Ramon; nos amis trouvent le temps long; M. le sous-préfet lui-même t'a déjà demandée.

— Je suis prête, répondit la jeune fille.

A son apparition au milieu des invités, des cris d'admiration partirent de tous côtés. — Qu'elle est belle! disaient les uns. — C'est une divinité! reprenaient les autres. Ces mots : Elle est charmante, adorable, ravissante, délicieuse, magnifique, admirable, superbe, sortaient à la fois de toutes les bouches.

On félicitait M. Daumer, on complimentait M. Ramon, et les célibataires et les veufs enviaient le bonheur du premier.

Thérèse, aussi pâle que la couronne de fleurs d'oranger posée sur ses cheveux, et malgré la douleur et la fatigue répandues sur ses traits, était réellement très-belle dans sa toilette de mariée. Les femmes, sans faire attention à sa tristesse, s'extasiaient devant sa robe surchargée de dentelles, son voile de point d'Angleterre et les bijoux dont on avait cru devoir la couvrir.

M. Ramon donna le signal du départ; les portes du salon s'ouvrirent et on prit le chemin de Villebelle.

Une partie des habitants du village attendait, sur la place de la mairie, l'arrivée du cortége. Une vingtaine de jeunes paysans, portant des fleurs à la boutonnière de leur habit et armés de fusils, occupaient le centre de la place. Lorsque les premières voitures se montrèrent, elles furent saluées par vingt coups de feu.

En descendant de voiture, Thérèse promena un instant son regard sur la foule et aperçut Julien caché dans les derniers rangs : elle poussa un cri étouffé, chancela et tomba à demi évanouie dans les bras de son père, qui s'était approché pour lui donner la main.

Julien avait fait un mouvement comme pour s'élancer vers elle, mais il s'arrêta aussitôt en reconnaissant sa folie ; il se borna à suivre des yeux la jeune fille, qui entra à la mairie appuyée sur le bras de son père.

Les jours précédents, le jeune homme s'était vainement promené autour du Clos des Peupliers, dans l'espérance de voir Thérèse ; elle n'avait point quitté sa chambre depuis quinze jours. Cependant, il voulait la revoir encore une fois, et, malgré la répugnance qu'il éprouvait à se joindre aux curieux, ses jambes, esclaves de son cœur, l'avaient conduit sur la place où son désir venait d'être satisfait.

Il s'éloigna immédiatement et se dirigea vers l'église ; il y entra et se plaça dans une sorte de tribune d'où il pouvait observer sans qu'on se doutât de sa présence. Un de ses désirs contentés, il lui en était revenu un autre. Il avait voulu voir Thérèse avant qu'elle fût mariée ; maintenant, un sentiment dont il ne se rendait pas compte le poussait à assister à la cérémonie du mariage religieux. Le malheureux jeune homme se plaisait à augmenter ses souffrances et à faire saigner ses blessures en recherchant tout ce qui pouvait les irriter.

De nouveaux coups de fusils tirés par les paysans lui apprirent que mademoiselle Ramon était devenue madame Daumer. Quelques minutes après, les nouveaux mariés entraient dans l'église, où M. Prugnot les attendait.

La cérémonie commença. Julien ne cessait pas de regarder Thérèse; il la voyait trembler. Dans les soulèvements de sa poitrine, il devinait des soupirs. Il crut apercevoir des larmes sur ses joues; pour pouvoir les recueillir, il aurait volontiers donné sa vie; il sentait que, s'il avait pu les boire, il serait mort de bonheur.

La voix de M. Daumer, répondant à la question que le prêtre adresse aux époux, le fit tressaillir. Il écouta pour entendre la réponse de Thérèse qui n'arriva point jusqu'à lui; mais il la comprit dans le mouvement de ses lèvres.

Une sueur glacée couvrit son front, ses oreilles bourdonnèrent; sous ses yeux, les objets prirent des formes fantastiques et il lui sembla que la terre se dérobait sous ses pieds. Il essaya de se lever, mais il tomba aussitôt à la renverse. Il était évanoui.

Immédiatement après la messe, la noce retourna au Clos. Thérèse, qui n'avait résisté à tant d'émotions diverses que par une grande puissance de volonté, se trouva brisée et sans force en arrivant. Elle témoigna le désir de se retirer dans sa chambre.

— Y penses-tu? lui dit son père; que diraient nos

invités? Il faut absolument que tu restes au milieu de nous. Tu es la reine de la fête, ma fille, et tu dois être gaie; si ce n'est pas pour ton mari et moi, que ce soit au moins pour le monde. Tâche donc de prendre un visage plus riant.

Thérèse ne fit aucune objection; elle se résigna. Le reste de la journée, elle se laissa conduire et obéit machinalement à son père, mais sans prendre part à la joie générale ni au mouvement qui se faisait autour d'elle. Rien ne put la distraire et l'obliger à sortir de son état d'engourdissement. Elle n'avait plus conscience de ce qu'elle faisait et semblait ignorer la situation dans laquelle elle se trouvait.

Lorsque Julien revint à lui, l'église était déserte. Son regard surpris erra d'abord dans l'enceinte du temple; puis, le souvenir de ce qui s'était passé deux heures auparavant se retraçant tout à coup devant lui, il éclata en sanglots.

— C'est fini, s'écria-t-il en roulant sa tête dans ses mains, elle est mariée, je ne la verrai plus; ils m'ont pris ma vie. Oh! la mort! si elle pouvait venir, comme je l'accueillerais avec joie! Je trouverais là la fin de mes souffrances; et si, comme on le croit, il y a communication entre les âmes sœurs, la mienne aimerait celle de Thérèse et s'entendrait encore avec elle. Le ciel est juste, il ne voudra pas que Thérèse soit malheureuse longtemps, il nous réunira, M. Ramon sera puni.

Ses sanglots redoublaient et ses pleurs coulaient en abondance.

Il tomba dans une prostration complète et se livra tout entier à ses tristes pensées.

La nuit le surprit dans la même position.

Il souleva sa tête alourdie, et à la lueur de la lampe qui brûlait devant le tabernacle, il vit son oncle priant, agenouillé sur les marches de l'autel.

M. Prugnot se trouvait dans une très-grande inquiétude. Son neveu était sorti, le matin, avan le déjeuner et n'avait pas encore reparu. Le bon prêtre craignait que Julien, égaré par la douleur, n'eût accompli un acte de désespoir, et il tremblait en présence de cette horrible pensée. Il était venu chercher le calme dans l'église et prier pour son malheureux neveu.

Julien quitta sa place et alla se mettre à genoux près de son oncle.

L'abbé Prugnot ne l'entendit point, il l'aperçut seulement quand il se leva pour se retirer.

Le jeune homme, la tête profondément inclinée, priait à son tour. M. Prugnot laissa échapper un soupir de soulagement; mais en le voyant absorbé

4.

par ses méditations, il s'arrêta à quelques pas de lui, et, les bras croisés sur sa poitrine, il l'entoura d'un regard doux et triste.

Au bout de quelques minutes, il le toucha légèrement du doigt. Le jeune homme tressaillit.

— Viens, lui dit le prêtre.

— Ah! mon oncle, fit Julien en montrant son visage inondé de larmes.

L'abbé Prugnot prit son bras et ils sortirent de l'église.

Julien rentra dans sa chambre. Le prêtre le suivit.

— Mon cher ami, dit M. Prugnot, je ne veux pas essayer de te consoler aujourd'hui; je perdrais mon temps et mes peines en augmentant tes chagrins. Tes douleurs sont trop grandes et trop légitimes pour qu'on puisse les adoucir; le temps seul doit être ton médecin.

Julien secoua la tête.

— La blessure est mortelle, mon oncle, elle ne peut guérir.

— Tu es homme, Julien : il faut être fort. Avec la volonté on oublie.

— Peut-être, mon cher oncle. Mais je ne ferai aucun appel à ma volonté; j'aime mieux souffrir qu'oublier.

— Le travail te distraira, mon ami, et tu trouveras le repos dans le plaisir de soulager tes semblables.

— Je ne connaîtrai pas ce plaisir, mon oncle; je renonce à la médecine.

— Est-ce bien toi qui parles ainsi, Julien?

— Oui, mon oncle, je renonce à la médecine. Lorsque je vous déclarai, il y a bientôt neuf ans, que je voulais être médecin, j'aimais déjà Thérèse. J'espérais me rendre digne d'elle et lui offrir, à défaut de fortune, une position indépendante. Le médecin jouit partout de la considération du monde, et j'ai cru, pauvre amoureux, que mon titre me ferait obtenir Thérèse et bien accueillir par M. Ramon. Je me suis trompé : j'ignorais que la plupart des hommes de notre siècle n'accordent leur considération qu'aux riches et qu'ils repoussent le pauvre, quels que soient son intelligence et ses talents.

— Mais enfin, quelle est ton idée? que veux-tu faire?

— Thérèse est mariée, mon oncle, ma vie est donc changée. Je me trouve à vingt-six a aussi peu avancé qu'à seize. Alors, vous désiriez me voir entrer au séminaire? Eh bien! mon oncle, votre désir d'autrefois sera satisfait : je me ferai prêtre.

— Prêtre! prêtre! s'écria l'abbé Prugnot, y songes-tu, Julien? mais c'est impossible, je m'y oppose.

— Pourquoi cela, mon oncle?

— Pourquoi! parce que ce n'est pas ta vocation. Le désespoir te rend fou, Julien.

— Ma résolution est bien prise, mon oncle, ne cherchez pas à la combattre inutilement. Ma pensée est moins éloignée de Dieu que vous ne le croyez. Mon amour pour Thérèse est si pur qu'il ne saurait l'offenser; je sens, au contraire, qu'il me rapproche du ciel.

M. Prugnot baissa la tête. Malgré les paroles de son neveu, il n'était pas complétement convaincu. Quoiqu'il ignorât la puissance de certaines passions humaines et celle de l'amour plus que tout autre, il comprenait, néanmoins, que Julien ne renonçait à la médecine et ne s'exilait du monde, que devant l'impossibilité de trouver le bonheur loin de Thérèse.

Les reproches qu'il s'était déjà faits, d'avoir prêté la main à leur séparation, il se les adressa de nouveau et avec plus de force. Quelque chose comme un remords étreignait son cœur, et il résolut de s'accuser lui-même près de son neveu.

— Mon cher Julien, dit-il en lui prenant la

main, tu es libre de tes actions; n'ayant plus d'espoir de bonheur ici-bas, tu veux te réfugier dans le sein de Dieu, le grand consolateur de toutes les misères; j'aurais tort de te détourner de la route que tu t'es tracée, car je comprends que tu n'agis ainsi qu'après avoir réfléchi sérieusement... Ah! mon pauvre Julien! reprit-il avec tristesse, tu devrais bien m'en vouloir.

— Que dites-vous, mon oncle? s'écria le jeune homme étonné.

— Oui, continua M. Prugnot, car sans moi Thérèse ne serait peut-être pas mariée. Elle résistait à son père et je l'ai rendue soumise.

Julien, le regard étincelant, le teint animé, se dressa en face du prêtre.

— Vous avez fait cela, vous avez fait cela! s'écria-t-il d'une voix sourde.

— Je l'ai fait, répondit en tremblant M. Prugnot. Pardonne-moi, Julien! pardonne-moi, ajouta-t-il en étendant vers le jeune homme ses mains suppliantes.

Il pleurait.

Devant la belle et respectable figure du vieillard, la colère de Julien disparut, et il se jeta dans les bras ouverts pour le recevoir.

— Je connais votre affection pour moi, mon

oncle, lui dit-il en l'embrassant : il vous a fallu un grand courage pour engager Thérèse à en épouser un autre; aussi, je suis loin de vous adresser un reproche, car je vois que vous méritez toute mon admiration.

— Julien! mon enfant, tu ne m'en veux pas; tu me pardonnes, oh! dis-moi que tu me pardonnes!

— Je vous aime et je vous vénère, mon oncle. En vous, le prêtre ne se souvient jamais qu'il est homme; le devoir de l'un vous a fait oublier celui de l'autre, vous n'êtes point coupable.

— Merci, Julien! Tes paroles, mon enfant, me donnent la tranquillité pour mes vieux jours.

VIII

A dix heures, Thérèse avait quitté sa robe de mariée. Elle était vêtue d'un simple peignoir de mousseline blanche et de coquettes pantoufles roses remplaçaient ses souliers de satin blanc. Seule dans sa chambre et libre enfin de penser, elle était tombée peu à peu dans une profonde rêverie. Elle n'entendait point les cris joyeux et les rires bruyants des convives de son père. Son imagination voyageait loin du Clos des Peupliers; elle pensait à sa mère qu'elle regrettait toujours, elle pensait à Julien, à son bonheur perdu et à son avenir désolé.

Cependant les invités se retiraient les uns après les autres, le visage enluminé, les jambes chancelantes et le cœur content, en souhaitant toutes sortes de félicités aux mariés. Le roulement des dernières voitures se perdit dans le lointain et la maison du Clos redevint silencieuse. L'heure du repos était arrivée pour tout le monde.

M. Daumer se dirigea vers la chambre de Thérèse. Il ouvrit doucement la porte et entra.

La jeune femme, plongée dans ses réflexions, ne l'entendit pas. Il s'avança derrière elle sans bruit et l'embrassa sur le cou.

Comme si une vipère l'eût mordue, Thérèse jeta un cri et se redressa.

— Vous aurais-je fait peur, Thérèse? demanda M. Daumer.

— Non, monsieur; seulement... vous m'avez surprise; je ne vous savais pas là.

— Ma présence, je l'espère, ne vous cause aucun ennui?

Thérèse ne répondit pas.

— Il m'a été impossible de vous rejoindre plus tôt, reprit M. Daumer; mais je n'étais pas complétement éloigné de vous : mon cœur se trouvait ici.

Il s'approcha de la jeune femme, la prit dans ses bras et chercha à l'embrasser. Thérèse le repoussa avec terreur et alla se réfugier du côté opposé de la chambre.

— Eh quoi! Thérèse, vous m'accueillez ainsi? Vous aurais-je contrariée sans le vouloir? Si cela est, dites-moi comment je puis réparer mes torts?

— Que me voulez-vous, monsieur?

— Cette question est singulière? N'êtes-vous pas ma femme?

— Je le sais, monsieur ; mais vous, vous savez aussi comment je la suis devenue.

— Eh ! parbleu, comme toutes les jeunes filles qui prennent un mari.

— Non, monsieur, je ne le crois pas, car ce serait bien malheureux pour elles. Lorsque les jeunes filles prennent un mari, elles l'aiment, ou du moins elles espèrent l'aimer, tandis que moi, je ne me suis pas même fait cette illusion ; je n'ai pas voulu non plus que vous pussiez vous la faire, c'eût été vous tromper. Je vous ai révélé mes sentiments devant mon père, en vous apprenant que j'en aimais un autre. Tout a été dit à ce sujet, monsieur, et ce qui m'étonne, c'est que vous me forciez à y revenir.

— N'y revenons donc pas, dit M. Daumer d'un ton léger ; croyez bien, ma chère Thérèse, que j'ai pris vos confidences pour ce qu'elles valaient, c'est-à-dire pour un charmant scrupule de jeune fille. Quelle est celle qui n'a pas son petit amoureux tapi dans un coin de son cœur ? Un beau roman semé de fleurs et d'étoiles, qui s'efface très-vite devant la vie réelle. C'est le rêve des anges comme vous, Thérèse, mais au bout de quelques mois il n'y paraît plus : l'ange est devenu une femme ordinaire et n'en vaut que mieux

— Je sais peu de choses de la vie, monsieur; j'ai aimé et j'aime encore, voilà la seule réalité que je connaisse.

M. Daumer ne put réprimer un geste de dépit.

— Voyons, Thérèse, reprit-il, où voulez-vous en venir? Franchement, je m'y perds; il me semble que les souvenirs que vous me présentez sont au moins d'assez mauvais goût. Du moment que je les oublie, vous devriez être satisfaite et ne pas me les rappeler.

— Je suis heureuse, monsieur, de ne pas être la première à laisser échapper des reproches. Pourtant, votre présence m'en donne le droit.

— Ma présence! S'il s'agit de droit, Thérèse, le mien est d'être ici.

— Non, monsieur, tous mes engagements envers vous sont remplis; je suis votre femme, ma vie est désormais liée à la vôtre. Mais quant à mon cœur, vous n'y avez aucun droit : je n'ai pu vous le donner, puisqu'il ne m'appartenait plus.

Sous un éclat de rire forcé, M. Daumer dissimula son mécontentement.

— Quel enfantillage! fit-il. Ce que vous me dites est fort drôle et très-amusant : vous prenez avec cela un petit air rageur qui vous va à ravir; mais...

M. Daumer s'arrêta. Un éclair de colère qui passa dans les yeux de Thérèse lui fit comprendre que sa gaieté produisait un effet déplorable.

— Mais, reprit-il en changeant de ton, nous avons des choses plus intéressantes à nous dire. Asseyez-vous, ma chère Thérèse, et causons comme deux amis; je pense que vous ne me contesterez pas ce titre d'ami?

La jeune femme ne fit aucune réponse, mais elle accepta le fauteuil que M. Daumer lui présentait. Il s'assit à côté d'elle, le plus près possible, sans paraître remarquer le mouvement qu'elle fit pour s'éloigner un peu.

— Comme vous le dites, ma chère amie, reprit-il, nous sommes liés l'un à l'autre pour la vie. Votre raison doit vous faire sentir que notre bonheur, notre repos même dépendent de la manière dont nous accepterons cette vie. C'est une situation nouvelle qui amène de nouvelles nécessités et de nouveaux devoirs auxquels nous ne pouvons manquer sans compromettre notre avenir. Jeune fille, le sentiment élevé de vos devoirs vous a décidée à accepter le mari que vous offrait votre père; jeune femme, le même sentiment vous portera, je n'en doute pas, à donner à votre mari l'amour que vous lui devez.

— Jamais ! s'écria Thérèse en essayant de se lever.

M. Daumer la retint doucement.

— Veuillez m'écouter encore, dit-il ; vous finirez par me comprendre, j'en suis sûr. En vous voyant si dévouée à votre père, si soumise à ses désirs, j'avais supposé que le bonheur était pour vous inséparable du devoir ; j'avais accepté la douce mission de vous guider, de vous protéger, de vous aimer, surtout avec l'espérance que votre âme, accessible à toutes les vertus, s'épanouirait insensiblement sous l'influence d'une affection sincère, qui se ferait grande et dévouée, ma chère Thérèse, pour vous rendre heureuse autant que vous le méritez.

M. Daumer crut avoir fixé l'attention de la jeune femme, qui attendait patiemment sa conclusion.

— Je ne puis vous offenser, dit-il, en ayant cet espoir et en voulant vous le faire partager, pour qu'il vous devienne facile d'être la compagne de mon foyer, la femme adorée et souriante que je désire trouver en vous.

En parlant ainsi, M. Daumer avait peu à peu passé son bras autour de la taille de la jeune femme ; il l'attira vers lui comme par un mouvement irréfléchi.

Thérèse se dégagea vivement.

— Rien de tout cela, monsieur, ne peut exister

entre nous; vous êtes venu, il y a quinze jours, au Clos pour la troisième fois; nous nous sommes expliqués; vous avez froidement débattu le reste avec mon père, et nous nous sommes mariés. Vous l'avez voulu, monsieur, c'est à vous d'en accepter les conséquences.

— Les conséquences sont fort simples; je vous aime, Thérèse, et vous ne pouvez me reprocher qu'une chose, c'est le respect profond qui m'a empêché de vous le dire, tant que je n'ai pas eu la certitude de vous appartenir.

M. Daumer se rapprocha de sa femme et saisit ses mains qu'il porta à ses lèvres.

— Oh! oui, je vous aime, répéta-t-il, vous êtes si belle, Thérèse!...

— Pardon, monsieur, interrompit la jeune femme d'un ton glacial, cette scène me fatigue; la journée a été accablante pour moi, je suis fâchée de vous le dire, mais vous m'y forcez. Veuillez vous retirer et me permettre de prendre un peu de repos.

— Me retirer! s'écria M. Daumer; ceci passe les bornes d'une plaisanterie. Ma chère Thérèse, votre intention, je pense, n'est pas d'exposer votre mari à la risée de tous vos gens, et encore moins de le prendre pour un niais. Afin d'éviter tout malentendu à cet égard, je vous préviens que je ne jouerai jamais ce rôle auprès de ma femme, si ravissante qu'elle soit. Ma place est à côté de vous, et je vous jure, sur mon honneur, que je ne l'abandonnerai pas.

— N'invoquez pas votre honneur, s'écria Thérèse, qui ne put contenir davantage son indignation, vous l'avez foulé aux pieds en profitant de mon obéissance aux ordres de mon père pour m'épouser malgré moi et m'enlever à l'amour de Julien. Lorsque je vous avouai cet amour, je fis un appel à votre loyauté. Si vous m'aviez aimée, vous auriez reculé devant ce sentiment qui m'unissait à un autre; mais vous avez été impitoyable, vous n'avez pas songé à mon désespoir en détruisant toutes mes joies. Que vous importaient mes larmes? Ce n'était pas mon amour qu'il vous fallait, c'était ma fortune; vous l'avez, que vous dois-je de plus?

La colère enflamma le visage de M. Daumer. Cependant il s'efforça de répondre avec calme :

— Je n'écouterai pas plus longtemps vos folies; je ne m'en offenserai pas non plus, ce serait inaugurer notre ménage par une bien sotte querelle. Vous êtes ma femme, et les plus beaux raisonnements du monde ne m'empêcheront pas de vous aimer.

En achevant ces mots, il s'avança vers elle en étendant les bras.

Thérèse ouvrit brusquement une fenêtre et posa

le pied sur le balcon. Dans ses yeux brillait une résolution désespérée.

— Si vous m'effleurez seulement, dit-elle, je saute par la fenêtre. Vous faut-il ma vie, monsieur? prenez-la, elle est à vous, je le reconnais ; je vous solderai ainsi tous mes comptes en une minute; mais je vous le jure à mon tour, sur mon honneur, qui m'est plus sacré que le vôtre, c'est tout ce que vous aurez jamais de moi.

M. Daumer, effrayé, et ne doutant pas que la jeune femme, poussée à bout, ne se précipitât par la fenêtre, fit deux pas en arrière.

Mais Thérèse, accablée par la lutte morale qu'elle venait de soutenir, s'affaissa sur elle-même et roula sur le parquet. Sa tête avait frappé contre un meuble et le sang s'échappait par une large blessure.

M. Daumer la prit dans ses bras et la porta sur le lit. Sa première pensée fut de demander du secours, mais, réfléchissant qu'on pouvait l'accuser de violence envers la jeune femme, il chercha à la rappeler à la vie, et à arrêter le sang qui coulait en abondance. Ce ne fut qu'au bout d'une demi-heure employée à lui donner des soins infructueux qu'il se décida à appeler.

Alexandrine et M. Ramon accoururent à sa voix, et tous trois s'empressèrent autour de Thérèse.

La jeune femme ne tarda pas à rouvrir les yeux. Elle se souleva à demi et jeta à droite et à gauche des regards égarés.

— Il n'est pas là, dit-elle.

Et elle retomba inerte sur son lit en prononçant le nom de Julien.

M. Daumer et M. Ramon se regardèrent comme deux coupables et sortirent de la chambre.

A la question que lui adressa M. Ramon sur ce qui s'était passé, M. Daumer répondit par quelques phrases inintelligibles, d'où il ressortait que Thérèse, en le fuyant, était tombée.

IX

Pendant huit jours, la jeune femme resta étendue sur son lit, brûlée par une fièvre violente et en proie au délire. Ses sensations étaient paralysées, elle n'avait même plus celle de ses souffrances.

L'âme et le cœur, ou la pensée et le sentiment, ces deux grands moteurs de l'organisation, n'agissant plus, la vie commençait à s'éteindre.

M. Ramon, assis dans un fauteuil en face de sa fille, passait des heures entières à la contempler.

En la voyant pâle, immobile et les yeux éteints, elle autrefois riante et heureuse, des larmes coulaient sur ses joues. Il interrogeait son cœur et frémissait en pensant qu'il avait peut-être été cruel pour son enfant.

Quant à M. Daumer, que ses intérêts réclamaient à Renoncourt, il avait quitté le Clos des Peupliers le troisième jour après son mariage, en priant M. Ramon de lui envoyer, aussi souvent que possible, des nouvelles de Thérèse.

Il conservait l'espoir qu'elle reviendrait à lui,

malgré ce qui s'était passé entre eux et la répugnance qu'elle lui avait montrée.

A Villebelle, on ne tarda pas à savoir que la jeune femme était malade. On apprit le départ de M. Daumer, et, par quelques mots échappés aux domestiques du Clos, les habitants du village purent étendre le champ de leurs conjectures. La scène qui avait occasionné la chute de Thérèse était racontée de vingt manières différentes. Le mari fut considéré comme un monstre et M. Ramon comme un mauvais père. Les femmes, surtout, ne prononçaient leurs noms qu'avec indignation.

Mais lorsqu'on sut que Julien Prugnot était entré au séminaire, ce fut bien autre chose : le vocabulaire des injures ne contenait plus assez de mots pour qualifier M. Ramon. Les deux jeunes gens étaient victimes de son ambition ; il avait tué sa fille.

Dans les derniers jours de septembre, Thérèse eut assez de force pour se tenir levée pendant quelques heures ; appuyée sur le bras d'Alexandrine, elle descendait au salon et faisait même quelquefois un ou deux tours sur la terrasse.

— Comment vas-tu ? lui demandait son père.

— Pas très-bien, répondait faiblement la jeune femme.

— Nous la sauverons, elle vivra, pensait M. Ramon.

Mais si l'on parlait de M. Daumer devant elle, on la voyait trembler; son visage changeait aussitôt d'expression, ses yeux devenaient hagards et la terreur se peignait dans ses traits.

Une fois seulement elle témoigna le désir de se promener dans le jardin. Le ciel était bleu, le soleil brillait; mais ses rayons ne réchauffaient pas. Les feuilles jaunes de l'automne se détachaient des arbres et tombaient en tournoyant.

On n'entendait plus le chant des oiseaux; on ne voyait plus les papillons voltiger autour des fleurs. Pauvres fleurs!... celles qui existaient encore s'inclinaient sur leurs tiges, languissantes et décolorées.

Thérèse en cueillit pourtant quelques-unes et en fit un bouquet.

— Chères petites fleurs, dit-elle, en les regardant avec tristesse, vous êtes maintenant sans parfum; le froid vous a flétries et bientôt vous allez mourir. Oui : mourir, car l'automne est venu et il a chassé les insectes qui vous aimaient... Vous êtes mes sœurs; nous avons eu, vous et moi, quelques rayons de soleil, quelques beaux jours, et nous allons quitter la vie. Mais l'année prochaine, au printemps, vous fleurirez de nouveau sur des tiges vigoureuses; je ne vous verrai pas, je ne serai plus ici. De moi l'âme restera seule, l'âme immortelle qui ne cesse jamais d'aimer, et qui, près de Dieu, fleurit toujours.

Elle voulut s'asseoir sous le berceau où, quelques semaines auparavant, elle avait passé une soirée délicieuse avec Julien. La tête penchée sur le sein d'Alexandrine et les yeux presque fermés, elle pensa au jeune homme; elle se rappelait ses paroles d'amour et son cœur battait plus fort. Comme une chaleur bienfaisante qui ranime peu à peu les membres engourdis, la jeune femme, au souvenir de son bonheur, sentait la vie lui revenir.

Depuis son mariage, le nom de Julien n'avait pas été prononcé devant elle. Alexandrine suivait les ordres de M. Ramon, qui lui avait recommandé, surtout, de ne pas dire à sa fille que le jeune homme n'était plus à Villebelle.

Plus d'une fois, Thérèse eut le désir de s'informer de ce qu'il faisait; mais elle s'était toujours retenue, et les paroles, près de lui échapper, expiraient sur ses lèvres.

Un jour, Alexandrine tardant à venir la prendre pour l'accompagner dans sa courte promenade, elle voulut essayer ses forces. Elle sortit de sa chambre, descendit lentement l'escalier et entra au salon. Mais elle ne put aller plus loin; ses jambes fléchirent sous le poids de son corps, et elle se laissa glisser dans un fauteuil.

Dans une pièce contiguë au salon, et dont la porte était entr'ouverte, Alexandrine causait avec sa sœur.

— Ma pauvre chère maîtresse est toujours bien malade, disait Alexandrine; je ne sais si nous lui rendrons la santé.

— Dieu veuille qu'elle vive, la chère enfant, reprit sa sœur.

— Elle qui pouvait être si heureuse !

— C'est toujours comme ça : les bons s'en vont, les mauvais restent.

— M. Ramon commence à se mordre les doigts, mais il est trop tard.

— Il faut entendre les gens de Villebelle; ils l'arrangent d'une jolie façon.

— J'en sais quelque chose.

— Du reste, il le mérite bien; un homme riche comme lui, n'ayant qu'une enfant, ne devait-il pas la marier à ce bon M. Julien qui lui a sauvé la vie?

Ici Thérèse prêta une oreille attentive à la conversation des deux sœurs.

— Et qui l'aurait rendue si heureuse ! ajouta Alexandrine.

— Depuis le départ de son neveu, M. le curé n'est plus reconnaissable ; il a vieilli de dix ans. J'ai bien peur qu'il ne vive pas longtemps.

— Villebelle ferait une grande perte.

— Est-ce que ta maîtresse sait que M. Julien a quitté Villebelle?

— Non, elle l'ignore.

— Pauvre petite! il l'aimait bien tout de même.

— Et Thérèse, crois-tu qu'elle ne l'aimait point?

— C'est égal, travailler dix ans de sa vie pour être médecin et se faire prêtre ensuite...

Un cri étouffé poussé par Thérèse interrompit brusquement la conversation.

— Madame nous écoutait, s'écria Alexandrine.

Et les deux femmes se précipitèrent dans le salon. Elles trouvèrent Thérèse étendue sans mouvement sur le carreau.

Alexandrine la prit dans ses bras, et, aidée par sa sœur, elle la porta dans son lit.

Julien, en entrant au séminaire, avait dit adieu au monde, et il ne voulait en sortir qu'après son ordination. Mais une circonstance vint changer ses projets.

Un des plus savants ecclésiastiques du séminaire, un professeur de théologie, tomba dangereusement malade. Les deux premiers médecins de la ville, appelés près de lui, déclarèrent que la maladie était mortelle. Julien demanda et obtint la permission de faire une visite au prêtre, comme médecin.

Plus heureux et peut-être aussi plus savant que ses confrères, il découvrit la cause du mal et entreprit la guérison. En moins de trois semaines le professeur fut rétabli. Le succès de cette cure, obtenue sur un homme condamné par deux médecins considérés comme très-habiles, donna une haute idée de la science de Julien.

Le jeune docteur ne put refuser ses soins à quelques autres malades qui le firent demander, et il acquit bien vite une grande réputation dans la ville et même dans tout le département.

Cependant la santé de Thérèse déclinait peu à peu; elle ne se levait plus; ses joues s'étaient creusées, et leur excessive maigreur faisait disparaitre la finesse des traits du visage. Quelques rides apparaissaient sur son front et aux coins de ses yeux; ses lèvres pâles s'étaient amincies; ses tempes se resserraient et son nez devenait transparent. Madame Daumer n'était plus que l'ombre de Thérèse, la jolie fille du Clos des Peupliers.

M. Daumer venait chaque semaine passer un jour chez son beau-père; mais Thérèse refusait toujours de le recevoir.

Au commencement du mois de mars, l'état de la jeune femme était désespéré.

— Votre fille est bien mal, dit le médecin à M. Ramon; à moins d'un miracle, dans quinze jours elle aura cessé de vivre.

A cette nouvelle, M. Ramon, qui voulait encore espérer, pensa devenir fou. Il aurait donné sa fortune pour faire vivre son enfant, et il ne pouvait l'arracher à la mort!..

Tout à coup le nom de Julien, comme un rayon lumineux, traversa sa pensée. Le bruit de sa réputation était arrivé jusqu'à lui; il avait entendu parler de son habileté et de ses talents.

— Oh! s'écria-t-il, s'il pouvait la sauver!

Il courut à Villebelle et se présenta devant l'abbé Prugnot.

— Monsieur Prugnot, lui dit-il, ma fille est très-mal.

— Pauvre enfant! dit le prêtre en levant les yeux vers le ciel. N'y a-t-il donc plus d'espoir?

— Le médecin le croit; mais moi j'espère toujours. Votre neveu est très-savant, monsieur le curé.

— On le dit, monsieur Ramon.

— Croyez-vous qu'il se refuserait à venir voir Thérèse?

— Mon neveu refuser de faire le bien? s'écria l'abbé en se levant, jamais !

— Écrivez-lui, monsieur le curé, écrivez-lui en mon nom; dites-lui que je l'attends pour sauver ma fille.

M. Prugnot prit une feuille de papier, y traça à la hâte quelques lignes et la remit à M. Ramon.

Une demi-heure après, un domestique à cheval, porteur de la lettre, partait pour la ville.

Le lendemain, dans la matinée, Julien arriva à Villebelle. Il embrassa son oncle et se rendit au Clos. M. Ramon l'attendait avec impatience.

— Venez, venez vite, lui dit-il en le prenant par la main pour le conduire près de sa fille.

En entrant dans cette chambre, où sa pensée l'avait conduit si souvent près de Thérèse, Julien éprouva une vive émotion; son cœur battait à se rompre, sa main trembla dans celle de M. Ramon, un nuage passa devant ses yeux, et, sentant ses jambes fléchir, il s'appuya contre le chambranle de la porte. Mais, comme s'il se fût reproché ce moment de faiblesse, il agita sa tête, et posant sa main sur son front :

— Soyons fort, se dit-il, je suis appelé ici comme médecin, l'amour doit disparaître devant la science.

Et il s'avança résolûment vers le lit de la jeune femme.

Depuis un instant, Thérèse s'était assoupie. En voyant cette figure aimée qu'il pouvait à peine reconnaître, Julien ne put retenir un soupir douloureux. Il lui prit la main, et, se penchant sur elle, il l'examina attentivement pendant quelques minutes.

— Eh bien? dit M. Ramon à voix basse.

Pour toute réponse, le jeune homme se mit à genoux et colla ses lèvres sur la main brûlante de la jeune femme.

Thérèse tressaillit; elle ouvrit les yeux et reconnut Julien. Une étincelle de vie anima son regard.

— Julien! c'est lui! dit-elle d'une voix faible et oppressée; je savais bien que je le verrais encore une fois avant de partir... O mon Julien! reprit-elle en soulevant sa tête et en jetant ses bras autour du cou du jeune homme, la terre est triste et le ciel est beau, car on n'y souffre jamais. — La nuit dernière, j'ai vu ma mère... « Thérèse, m'a-t-elle dit, pourquoi tardes-tu tant à venir me rejoindre? Abandonne la terre, mon enfant, suis-moi dans le ciel, les anges nous y attendent. » Et elle m'ouvrit ses bras en me faisant signe de la suivre. Pour l'embrasser, je m'élançai vers elle;

mais à mesure que j'avançais, elle s'éloignait en remontant vers les cieux. Son front était rayonnant de lumière; ses bras restaient ouverts et elle me souriait en m'appelant toujours. Au moment où j'allais l'atteindre, je pensai à toi, mon Julien, et comme je ne t'avais pas embrassé, je suis revenue sur la terre.

En achevant ces mots, Thérèse attira vers elle la tête du jeune homme et l'embrassa au front. Elle poussa un soupir, ferma les yeux et se laissa aller sur l'oreiller.

Julien se releva; sa figure était baignée de larmes; il regarda tristement la jeune femme, murmura le mot *adieu*, et sortit de la chambre suivi de M. Ramon.

— Votre fille est perdue, monsieur Ramon, dit Julien, elle ne verra pas la fin de la journée.

— J'aurais dû vous faire venir plus tôt, monsieur Julien.

— Elle serait morte également... Le mal est là, ajouta-t-il en frappant sur son cœur, et vous savez aussi bien que moi d'où il vient.

M. Ramon baissa la tête et ne répondit pas.

L'abbé Prugnot arriva au Clos à midi; il donna à Thérèse les derniers secours de la religion et l'accompagna par ses prières jusqu'au seuil de l'éternité.

X

La nuit avait enveloppé la terre; partout l'ombre s'épaississait et quelques étoiles brillaient çà et là dans le ciel noir. La cloche de Villebelle sonnait l'angelus.

Un jeune homme entra au cimetière et s'arrêta devant une petite élévation de terre fraîchement remuée.

Il se découvrit avec respect et s'agenouilla.

Au bout de quelques minutes, un nouveau personnage vint également se mettre à genoux sur la tombe.

Après avoir prié longtemps, ils se levèrent tous deux et se trouvèrent face à face.

— Monsieur Ramon! dit le jeune homme.

— Julien! dit le père de Thérèse.

Et il se jeta dans les bras du jeune médecin.

— Je vous ai fait bien du mal, Julien, reprit-il, mais Dieu vous a vengé; je n'ai plus d'enfant. Elle est là, ma Thérèse, ma fille chérie; je suis cause de sa mort, et pourtant je l'aimais... Vous aussi,

Julien, vous l'aimiez; vous avez dû me maudire... Pardonnez-moi.

— Votre fille, en mourant, vous a donné mon pardon et celui du ciel avec le sien.

— Voulez-vous m'accompagner jusqu'au Clos? demanda M. Ramon.

— Je le veux bien.

— En chemin nous parlerons d'elle. — Au revoir, ma fille, ajouta-t-il en se tournant vers la tombe, au revoir, mon enfant, demain je reviendrai.

Il passa son bras sous celui de Julien et ils s'éloignèrent.

A la grille du Clos des Peupliers, Julien voulut quitter M. Ramon pour retourner à Villebelle.

— Pas encore, dit le vieillard, je suis si heureux de me trouver avec vous! ne nous séparons pas si vite, car qui sait quand nous nous reverrons.

Julien n'osa pas résister. M. Ramon le fit entrer dans sa chambre.

— Depuis deux jours, dit-il en faisant asseoir Julien et en se plaçant près de lui, je suis dans une situation étrange; je ne désire pas mourir et je ne sens plus le bonheur de vivre; j'ai peur de mon isolement, le silence me tue : je n'ai de tranquillité que lorsque j'ai quelqu'un près de moi. Ma vie est bien changée, M. Julien ; les beaux jours vont venir, mais ils seront froids et sombres pour moi ; mon soleil, c'était ma fille. Il y a un an, on riait, on chantait au Clos des Peupliers. Aujourd'hui on y pleure. A quoi me sert ma fortune ? Je suis vieux et bientôt je serai couché près de mon enfant. Mes biens étaient pour elle, maintenant je n'ai plus personne pour les recueillir après moi.

— Vous parliez tout à l'heure de votre isolement, monsieur Ramon, reprit Julien, consacrez le reste de votre vie à faire du bien, employez-y vos revenus ; vous avez perdu votre fille, tous les malheureux seront vos enfants ; ils vous aimeront, vous béniront ; votre nom sera honoré, et Thérèse, du haut du ciel, vous sourira.

M. Ramon se mit à réfléchir.

— Vous avez raison, Julien, reprit-il au bout d'un instant, mais vos paroles m'ont donné une idée. Qu'allez-vous faire maintenant, mon ami ? ajouta-t-il.

— Moi, monsieur Ramon ?

— Oui, Julien.

— Je vais retourner au séminaire.

— L'homme de la science est aussi l'homme de Dieu, Julien ; qu'avez-vous besoin de vous faire prêtre ? Vous appartenez à l'humanité, mon ami, et vous n'avez pas le droit de priver vos semblables des moyens de soulagement qui vous ont été donnés pour eux. Mes paroles doivent vous étonner, car elles sont en contradiction avec le langage que je tenais devant vous l'année dernière ; l'homme le plus sceptique, Julien, l'est toujours moins qu'il ne le dit. J'avais compris que vous aimiez Thérèse et je voulais, en vous laissant voir le peu de cas que je faisais d'un médecin, vous enlever l'espoir de l'obtenir. C'était bien mal ; je ne me montrais pas seulement injuste pour vous, j'étais ingrat.

— Monsieur Ramon, dit Julien avec émotion.

— Oui, ingrat, c'est le mot. Mais je ne raisonnais pas : ma fille possédait une belle fortune, ce n'était pas assez, je la voulais plus riche encore. Je n'ai pas entendu, ou plutôt j'ai feint de ne pas entendre le cri de son cœur. Horrible souvenir qui me laisse un remords éternel !...

Julien considérait M. Ramon avec surprise ; sa douleur et son repentir le touchaient ; il commençait à lui rendre son estime et à oublier ce qu'il avait souffert par lui. En le voyant calme et indifférent, il l'aurait méprisé et haï ; malheureux, il le plaignait.

— Je reviens à ce que je voulais vous dire, reprit M. Ramon ; ne nous quittons plus, Julien, restez au Clos des Peupliers, vous serez mon fils.

Le jeune homme, interdit, regarda M. Ramon en se demandant s'il avait bien entendu.

— Vous serez mon héritier, continua le vieillard, je vous dois une réparation.

— Vous ne me devez rien, monsieur Ramon, s'écria Julien ; ce que vous me proposez est impossible.

— Impossible ! pourquoi, si vous le voulez ?

— Votre offre est généreuse, monsieur Ramon ; j'ignore le sentiment qui vous l'a dictée, mais, pour le présent et pour l'avenir, je ne désire point la fortune.

— Écoutez-moi, Julien, vous venez de me dire : consacrez le reste de votre vie à soulager les malheureux, je veux suivre votre conseil. Mais, à mon âge, on manque d'activité, il me faut quelqu'un pour me représenter, pour s'occuper de mes affaires : pourquoi ne seriez-vous pas cet autre moi-même ? Le bien que je veux faire, nous le ferons à deux. Vous serez maître comme moi au Clos des Peupliers, et vous pourrez être le médecin des pauvres. Quant à mon héritage, n'en parlons plus ; après ma mort, on en usera comme on voudra. Allons, ajouta-t-il, est-ce convenu ? restez-vous avec moi ?

Pendant quelques instants Julien garda le silence ; sa réponse demandait à être réfléchie.

— Eh bien? dit M. Ramon en l'interrogeant du regard.

— J'accepte, répondit Julien.

Le lendemain, il s'installait au Clos des Peupliers.

M. Ramon mourut deux ans plus tard. Il avait institué Julien Prugnot son légataire universel.

Le jeune homme vendit le Clos des Peupliers, à l'exception d'un petit coin de terre sur lequel il se fit bâtir une maison. Il constitua une rente annuelle de deux mille francs pour les pauvres de Villebelle, construisit deux écoles où les enfants de la commune sont instruits gratis, et ne garda pour lui qu'un modeste revenu de quinze cents francs.

Il y a deux ans, je fis un voyage à Villebelle. J'ai eu l'occasion de voir M. Prugnot et de causer avec lui. C'est de lui-même que je tiens une partie des détails de cette histoire; le reste m'a été raconté par Alexandrine, qui, après la mort de M. Ramon, est devenue la gouvernante du docteur. L'abbé Prugnot et Marguerite sont morts depuis longtemps. Julien, aujourd'hui, peut avoir cinquante ans; il continue à visiter et à soigner les malades, mais toujours gratuitement.

Dans le village, on l'a surnommé le médecin des pauvres.

UN PÉCHÉ D'ORGUEIL

UN PÉCHÉ D'ORGUEIL

I

Deux jeunes filles étaient assises sur un banc de mousse. Des branches de lilas en fleurs, arquées au-dessus de leurs têtes, les protégeaient contre l'ardeur du soleil. Quelques rares rayons glissaient parfois à travers le feuillage et venaient illuminer leur figure gracieuse.

Elles étaient à peu près du même âge : Lucile touchait à sa dix-neuvième année, et Rosalie, sa cousine, avait vingt ans.

Jolies toutes deux, elles ne pouvaient être jalouses l'une de l'autre. Leur position était cependant bien différente. Le père de Lucile passait pour le plus riche cultivateur de Meung, et il l'était en effet. Ses nombreuses propriétés, disséminées sur le territoire de la commune, éveillaient, par leur valeur et leur étendue, l'envie des autres cultivateurs. Rosalie était orpheline, et ses parents, qu'elle avait perdus en bas âge, ne lui avaient laissé qu'un très-petit patrimoine.

Lucile pouvait espérer faire un bon mariage ; et on comptait par douzaine le nombre des jeunes gens qui aspiraient à devenir son mari.

Quant à Rosalie, aucun ne se présentait pour elle ; on lui disait bien : Vous êtes charmante! mais c'était tout. Chaque jour, le nombre des amoureux de sa cousine augmentait, et elle, la pauvre enfant, se voyait toujours dédaignée. Mais elle n'ignorait pas pourquoi personne ne l'aimait. Hélas! elle était pauvre!...

On parle des habitants des villes qui font du mariage une spéculation, une véritable question d'intérêt; mais il faut vivre avec le paysan pour savoir jusqu'où va sa rapace ambition quand il s'agit de se donner une compagne. Il lui faut fortune pour fortune, terre pour terre, et, s'il lui était possible de calculer jusqu'au bout, sou pour sou. C'est triste à dire, et pourtant cela est. Il y a bien quelques exceptions, mais elles sont rares.

Les deux cousines gardaient le silence. Rosalie terminait un travail à l'aiguille, et Lucile lisait attentivement. Elle lisait, car elle aimait la lecture avec passion. En ce moment, elle dévorait des yeux le style large et coloré de George Sand. Elle lisait Mauprat. Pour une paysanne, cela peut sembler étrange. Mademoiselle Lucile Blanchard, depuis six mois seulement, était revenue chez son père; elle avait été placée fort jeune dans la meilleure institution de la ville, où elle avait reçu une brillante éducation. Douée d'une organisation vraiment belle, son intelligence s'était développée d'une manière admirable; mais son instruction et son esprit, si désirables pour une femme qui doit briller un jour dans le monde, ne pouvaient produire qu'un fort mauvais effet chez cette jeune fille destinée à vivre dans les champs, en lui donnant des idées élevées bien au-dessus de son humble condition. Elle dansait avec grâce, dessinait passablement, parlait purement sa langue, chantait et jouait du piano. Aussi, était-elle fière de posséder ces divers talents. Elle se trouvait bien supérieure à sa cousine. Lucile était une grande dame, et Rosalie une pauvre fille de campagne, bien modeste et bien simple, dont toute la science se bornait à manier adroitement l'aiguille, à travailler aux champs et à tenir un ménage.

Pendant plus d'une heure, les deux cousines

restèrent absorbées, l'une par sa lecture et l'autre par son travail. Enfin, Lucile ferma son livre et le posa près d'elle.

—Ce que vous lisez doit être bien amusant, ma cousine? dit Rosalie.

— Ce livre ne serait pas amusant pour toi; mais il m'intéresse parce que je le comprends.

— Comme vous êtes heureuse d'être savante!

Un sourire amer plissa les lèvres de Lucile.

— Heureuse! heureuse! reprit-elle, je ne m'en aperçois pas. La vie que je mène ici m'est insupportable.

— Est-ce possible? s'écria Rosalie.

— Je ne vois autour de moi que des personnes grossières, sans éducation, des paysans, ajouta-t-elle avec dédain.

— Que vous manque-t-il donc, ma cousine? reprit Rosalie étonnée; vous êtes riche, vous êtes belle, et tout le monde vous aime.

Lucile haussa les épaules.

— Ce qui me manque, dit-elle, c'est la vie. Je ne puis vivre au village, j'y meurs d'ennui.

— Ma foi, ma cousine, je ne vous comprends pas.

— Je me comprends bien, moi. — Écoute, Rosalie, crois-tu que je puisse jamais travailler dans les champs et m'occuper, comme ma mère, de l'intérieur d'une ferme?

— Mais oui, je le crois.

— Eh bien, moi, je ne le crois pas.

— Vous vous habituerez au travail, ma cousine; et quand vous serez mariée...

— Mariée...

Lucile n'acheva pas sa phrase commencée; les mots expirèrent sur ses lèvres. Un jeune paysan venait de s'arrêter devant elle.

— M. Georges! dit Rosalie. Et aussitôt ses joues se couvrirent de rougeur.

Lucile fit un mouvement d'impatience. Évidemment la présence du jeune homme la contrariait.

Rosalie se leva, enroula son ouvrage et s'en alla, après avoir jeté sur Georges un regard doux et timide.

Le jeune paysan s'assit à la place que Rosalie venait de quitter. Il pouvait avoir vingt-cinq ans; c'était un grand et beau garçon, d'une figure agréable et distinguée, un peu timide, mais sans gaucherie; ses traits bien accusés annonçaient une certaine fermeté de caractère, et ses grands yeux noirs, au regard assuré, révélaient la beauté de son âme.

— J'ai interrompu votre conversation, mademoiselle, dit Georges, mais j'espère que vous voudrez bien m'excuser. Votre mère m'a envoyé vers vous.

— Auriez-vous quelque chose à me dire, monsieur?

— Oui, mademoiselle, je désire vous parler.

— Je vous écoute, monsieur.

— Jusqu'à ce jour, je n'ai point osé vous faire connaître mes sentiments pour vous, mademoiselle, je n'avais pas encore l'espoir d'être accueilli comme un fils par vos parents ; mais aujourd'hui votre père m'a permis de vous aimer. Il est vrai que je n'ai pas attendu cette autorisation, car je vous aime depuis longtemps.

— Vous m'aimez?

— Oh! oui, je vous aime. Mon bonheur dépend de vous, Lucile, et je serai bien heureux si vous voulez être ma femme.

La jeune fille resta silencieuse, dans l'attitude d'une personne livrée à de profondes réflexions.

— Lucile, vous ne me dites rien ! reprit Georges avec anxiété.

— Je suis très-flattée de votre recherche, monsieur Georges, dit-elle enfin d'un ton légèrement railleur ; mais je dois vous déclarer que je ne suis point, quant à présent, disposée à me marier.

— Dites-moi d'attendre, mademoiselle, j'attendrai.

— Vous dire d'attendre, ce serait vous faire espérer, reprit la jeune fille, et comme je tiens à vous ôter tout espoir, je vous avoue franchement que je ne veux pas me marier.

Le jeune paysan pâlit; les paroles de Lucile venaient de briser son cœur. Il se réveillait au milieu d'un beau rêve.

— La nuit vient, reprit la jeune fille en se levant, il est l'heure de rentrer. Et elle se dirigea vers la maison.

Georges la suivit à quelque distance, la tête baissée. Au lieu d'entrer à la ferme, il traversa la cour pour gagner la rue. M. Blanchard le joignit à la porte.

— Eh bien? lui dit-il.

Georges secoua tristement la tête.

— Qu'a-t-elle dit? reprit le fermier, faisant une seconde question.

— Elle ne veut pas se marier, répondit Georges.

— Toutes les filles commencent par dire cela; c'est leur coquetterie. Il ne faut pas te décourager, mon garçon. Demain, Lucile aura changé d'idée. Du reste, j'aurai ce soir un entretien avec elle.

Georges serra la main du fermier et le quitta.

Pendant que le jeune homme parlait à M. Blanchard, Rosalie, debout devant une fenêtre, épiait d'un regard inquiet et curieux tous ses mouvements. Elle vit sa tristesse et en devina le motif. Un éclair de joie illumina son front. Elle aimait Georges depuis longtemps, et avant le retour de Lucile à la ferme, elle avait pu se croire remarquée par le jeune paysan, mais elle reconnut bientôt son erreur; elle comprit que Georges ne l'avait jamais aimée que comme une sœur et n'eut pas de peine à découvrir son amour pour sa cousine. Elle ne ressentit cependant aucune jalousie; la pauvre fille reconnaissait la supériorité de Lucile et la trouvait bien plus qu'elle digne d'être aimée. Elle renferma sa douleur dans son cœur et cacha son secret sous un air d'indifférence. Mais bien souvent elle arrosait son lit de larmes amères; bien souvent ses nuits étaient sans sommeil. Son âme volait vers Georges, sa pensée s'entretenait avec lui et, pour un instant, l'illusion la rendait heureuse.

Quelle jeune vierge n'a pas, comme Rosalie, cherché son bonheur dans le rêve, alors que mille désirs inconnus l'agitent, l'inquiètent et jettent dans son esprit de vagues raisonnements!.....

II

Le soir, après le souper, lorsque les domestiques se furent retirés, M. Blanchard appela Lucile et la fit asseoir entre lui et sa femme, qui faisait tourner son rouet au clair de lune.

— Ma fille, lui dit-il, tu as causé tantôt avec Georges Villeminot; tu as dû lui dire des choses bien dures, car il était triste en te quittant.

— Je lui ai dit simplement que je ne voulais pas me marier.

— Afin de le contrarier, reprit le père en souriant; tu ne parlais pas sérieusement.

— J'ai dit la vérité, mon père, je ne veux pas me marier.

— Georges est pourtant un parti très-convenable pour toi, Lucile; il possède une assez belle fortune, et c'est un excellent garçon qui te rendrait heureuse. Il est courageux, travailleur et rangé; il n'y a qu'une voix pour lui dans le pays, tout le monde l'aime, et depuis longtemps je désire l'appeler mon fils.

— Je reconnais comme vous les qualités de M. Georges, mon père; mais je ne l'aime pas.

— Ah! fit le fermier qui n'avait pas prévu et te objection, je ne pensais pas à cela.

La jeune fille laissa échapper un soupir de soulagement.

— Ma chère enfant, reprit M. Blanchard, je ne veux pas te marier malgré toi. J'avais choisi Georges Villeminot parmi les jeunes gens qui te recherchent en mariage, pensant qu'il pouvait mieux qu'un autre faire ton bonheur. Mais tu ne l'aimes pas, n'en parlons plus. Tu es assez riche pour prendre un mari selon ton cœur. Maintenant, ajouta-t-il, dis-moi quel est le jeune homme que tu as distingué, afin que je congédie les autres.

— Vous pouvez les renvoyer tous, mon père.

— Tous...

— Oui, car aucun ne me plait, reprit Lucile en faisant une petite moue dédaigneuse.

— Tu es difficile, ma fille : il me semble pourtant...

— Écoutez-moi, mon père, je n'épouserai jamais un paysan.

Le fermier regarda sa fille avec surprise, et madame Blanchard laissa tomber sa quenouille.

— Il parait que ta fille a rêvé qu'elle serait duchesse ou pour le moins baronne, dit M. Blanchard en s'adressant à sa femme.

Lucile baissa les yeux.

Le fermier se leva et fit deux ou trois fois le tour de la salle en marchant à grands pas. Enfin, il s'arrêta devant sa femme; sa figure avait pris une expression sévère.

— Voilà le résultat de l'éducation que vous lui avez donnée, dit-il avec dureté. Vous avez voulu que votre fille fût une demoiselle, et vous y avez réussi; vous pouvez vous applaudir. Au lieu de l'élever près de vous et d'en faire une bonne ménagère, vous l'avez envoyée à la ville, où elle a appris tout ce qu'elle n'avait pas besoin de savoir; et j'ai été assez faible pour ne point vous contrarier. Qu'a-t-elle trouvé dans ses livres? Vous le voyez : de la coquetterie, de fausses idées et des airs de grande dame. Aujourd'hui, elle aurait honte de prendre pour mari un brave garçon ayant les mains durcies par le travail et portant la blouse. Qui sait? un jour, peut-être, elle rougira de vous et de moi, qui suis son père.

Madame Blanchard ne répondit pas; elle regarda sa fille avec tendresse, comme pour lui dire que son amour de mère était au-dessus des reproches qu'on lui adressait.

Lucile pleurait. Pourquoi? Était-elle touchée des paroles de son père? Nous ne le pensons pas.

Le lendemain, M. Blanchard alla trouver Georges Villeminot.

— Mon cher ami, lui dit-il, nous ne pouvons donner suite à nos projets; ma fille a de l'antipathie pour le mariage, et je dois renoncer au bonheur de te nommer mon gendre. Pourtant, tout espoir n'est pas encore perdu; Lucile peut changer de manière de voir.

— Vos paroles ne m'étonnent pas, monsieur Blanchard, je les connaissais d'avance; seulement, ce n'est pas pour le mariage que Lucile a de la répugnance, c'est pour le paysan, je l'ai fort bien compris.

— Georges ne crois pas cela! s'écria le fermier.

— Il faut bien que je le croie, puisque c'est la vérité, reprit le jeune homme avec tristesse; mais je ne puis lui en vouloir; seul, je mérite des reproches, j'aurais dû comprendre plus tôt la distance qu'il y a entre mademoiselle Lucile et moi.

— Que veux-tu dire? quelle distance?

— Celle qui existe entre l'ignorance et l'instruction, entre le paysan grossier et la fille bien élevée.

— Est-ce que je ne suis pas un paysan comme toi, moi?

— C'est vrai, mais votre fille n'est plus une paysanne.

Le fermier baissa la tête; il sentait trop bien la justesse des paroles de Georges, qui, sans le vouloir, torturait son cœur.

— Tu continueras à venir à la maison comme par le passé, Georges, reprit-il après un moment de silence.

— Je ne vous le promets pas, monsieur Blanchard.

— Quoi! tu ne viendras plus?

— Je ne puis voir votre fille, car je l'aime toujours.

— Tu as raison, mon garçon, dit le fermier en prenant la main du jeune homme. Ah! tu es un brave cœur; ma fille ne te connaît pas, Georges; un jour elle te regrettera.

Depuis quelque temps déjà, on parlait dans le pays du mariage de Georges Villeminot avec mademoiselle Lucile Blanchard comme d'un fait accompli; les deux jeunes gens se convenaient sous plus d'un rapport, et à part quelques envieux, — il y en a partout, — le choix du fermier était généralement approuvé. Plusieurs jeunes gens, qui avaient d'abord espéré plaire à la jeune fille, s'étaient retirés l'un après l'autre devant Georges.

Mais on ne tarda pas à savoir que le jeune paysan avait cessé ses visites chez M. Blanchard. On s'en préoccupa beaucoup. Que s'était-il passé? Lucile avait-elle renvoyé Georges? Chacun se posait ces deux questions, sous mille formes différentes, sans parvenir à les résoudre d'une manière satisfaisante. On fit alors toutes sortes de suppositions contradictoires et plus ou moins malignes. Le paysan ne manque ni de bon sens ni de sagacité ; à force de s'occuper des effets, il parvient presque toujours à deviner les causes. Au bout de quinze jours, le motif de la retraite de Georges était connu.

— Ce pauvre Georges, disait-on, qui l'aurait pensé? Il ne méritait certainement pas un pareil affront.

Les jeunes filles tenaient des propos où il y avait plus de jalousie contre Lucile que d'intérêt pour le jeune homme. Les mères de famille blâmaient l'une et plaignaient sincèrement l'autre.

Georges n'ignorait rien de ce qui se disait contre Lucile ; du reste, on ne se cachait pas de lui, et il eut plus d'une fois l'occasion de prendre la défense de la jeune fille. Il se croyait obligé de l'excuser, étant la cause innocente des attaques dirigées contre elle.

Il y a dans chaque village un lieu qu'on pourrait

nommer les arènes du bavardage; c'est le lavoir public. Les femmes s'y rencontrent journellement. Là, toutes les actions sont commentées, interprétées, faussées et jugées plutôt mal que bien. Grâce aux commérages, les plus petites choses ont bientôt pris des proportions effrayantes. La médisance y va son train, et, lorsqu'elle ne suffit plus, la calomnie tourbillonne autour d'elle.

Un matin, trois femmes se trouvaient au lavoir. Georges et Lucile défrayaient leur conversation.

— Quant à moi, cette petite Lucile ne me revient pas du tout, disait une grosse paysanne en frappant à coups redoublés sur le linge étalé devant elle.

— Au lieu de se laver les mains avec du savon parfumé, elle ferait mieux d'aider sa mère dans le ménage, reprenait une autre. N'est-ce pas une honte de passer sa vie à ne rien faire?

— Laissez donc, elle joue des contredanses toute la journée sur son piano, un grand coffre qui a coûté au père Blanchard la valeur de quatre arpents de bonne terre.

— Ce n'est pas sa musique qui lui mettra du pain sous la dent... Le bonhomme Blanchard ne vivra pas toujours.

—Elle aurait bien fait de se marier avec Georges.

—Ah bien oui! allez lui dire ça! Georges travaille aux champs, et il ne se parfume ni les mains ni les cheveux.

— Malgré ses écus, elle ne trouvera certainement pas un mari.

— Pourquoi fait-elle tant la difficile? Elle ne vaut ni plus ni moins que les autres filles du village.

— Ce n'est pas ce qu'elle pense. Parce qu'elle a été élevée à la ville, elle se croit une noble demoiselle.

— Nous en avons vu, de ces demoiselles-là, vivre de charité.

— Elle fait la fière, la dédaigneuse; jamais elle ne parle à personne.

— Elle cause trop bien, on ne saurait pas lui répondre.

— Si j'étais à la place de son père, je sais bien ce u je ferais.

— Quoi donc?

— Je la forcerais à travailler. Sa cousine travaille bien, elle.

— Pauvre père Blanchard! croyez-vous qu'il ne soit pas malheureux d'avoir pour fille une paresseuse, lui qui travaille tant?

— Allons donc, c'est sa faute. Qu'avait-il besoin de la mettre en pension jusqu'à l'âge de dix-huit ans? Ma fille, à moi, n'a été à l'école que jusqu'à douze ans.

— C'est sa femme qui l'a voulu.

— Ils s'en repentiront un jour.

— Cela n'empêche pas que la belle demoiselle a renvoyé tous ses prétendants.

— Vous savez bien qu'elle n'aime pas les paysans.

— Elle attend sans doute un préfet.

— Peut-être un ministre. Qui sait?

— Elle attendra longtemps.

— Et pourra bien mourir vieille fille.

— Oui, à moins qu'elle ne trouve un vieux notaire à demi ruiné...

— Qui vivra verra.

— Et rira bien qui rira le dernier.

III

C'était par une magnifique soirée du mois de mai ; un vent tiède et léger agitait le feuillage vert des arbres printaniers et secouait dans l'espace les parfums enivrants des fleurs. A l'extrémité du village, sur un vaste emplacement ombragé par des marronniers séculaires, la petite population de Meung, en habits de fête, se trouvait rassemblée. Enfants et vieillards, jeunes garçons et jeunes filles, tous se livraient à la joie afin de célébrer dignement la fête du patron de leur paroisse. Les hommes d'un âge mûr jouaient à différents jeux de hasard ; les vieillards parcouraient curieusement les groupes ; les enfants jouaient, criaient, couraient et sautaient joyeusement sous les arbres, tandis que les mères, réunies en cercle, surveillaient leurs filles qui se livraient au plaisir de la danse. — Comme le bonheur rayonnait sur ces charmants et frais visages ! comme elles souriaient gracieusement, ces jeunes filles, en s'appuyant au bras de leurs danseurs ! — Que d'amour on lisait dans leurs yeux ! Sous le regard de leurs mères, elles semblaient jouir du plaisir et aimer avec plus de confiance.

Une partie du cercle se trouvait formée par madame Blanchard, Lucile et Rosalie. Les deux cousines regardaient danser ; Rosalie d'un œil triste et distrait, et Lucile, roide et froide comme une Anglaise, en laissant échapper de temps à autre un sourire indécis qu'un observateur pénétrant aurait pu traduire ainsi : — Ces pauvres gens me font pitié ; ils dansent ou plutôt ils sautent sans grâce au son d'une musique infernale capable de déchirer les oreilles ; leurs bruyants éclats de rire et leurs propos sont niais comme leurs figures sont stupides. Ces jeunes filles, mises sans goût, sont d'une gaucherie incroyable, et tous ces jeunes paysans, lourds et rudes dans leurs manières, montrent une familiarité révoltante.

On était déjà venu deux ou trois fois engager les deux cousines à danser. Lucile avait déclaré d'un ton sec qu'elle ne danserait pas. Rosalie avait répondu : — Pas encore. Et elle attendait. Elle attendait l'arrivée d'une personne dont l'absence commençait à l'inquiéter. Son regard parcourait les cercles, pénétrait au milieu des groupes et s'élançait au-devant de chaque nouvel arrivant. Et, lorsque son espoir trompé disparaissait, la jeune fille devenait pâle, sa poitrine se gonflait, étouffant un soupir, et un nuage voilait ses yeux.

Cependant, les danses se succédaient, la gaieté prenait de vives allures. Lucile continuait ses sourires ironiques et Rosalie regardait toujours autour d'elle avec agitation. Enfin, ses yeux se fixèrent sur un seul point, mais au bout d'un instant elle les baissa, son front et ses joues se colorèrent, et les battements de son cœur devinrent violents et précipités.

Celui qu'elle attendait, Georges Villeminot, venait de paraitre. Il fut aussitôt entouré par une vingtaine de jeunes gens qui lui serrèrent la main. Il se dirigea ensuite vers Lucile et sa mère pour les saluer. Rosalie tremblait comme une feuille au vent en le voyant devant elle. Son seul désir était que Georges l'invitât pour danser avec lui. Elle fut satisfaite. Comme elle se sentit heureuse et fière en prenant place parmi les danseurs ! Lorsque de son bras Georges entoura sa taille, lorsqu'elle appuya sa tête sur l'épaule du jeune homme, elle se crut transportée dans un monde idéal. Elle tressaillit, et son regard, dont elle enveloppa Georges, disait tant de choses et révélait une tendresse si vraie, qu'il en fut surpris. Il regarda Lucile; son visage sévère et ennuyé lui parut moins bien qu'à l'ordinaire. Il la compara à Rosalie et s'aperçut, pour la première fois, que cette dernière avait pour le moins autant de beauté que Lucile. Rosalie lui souriait; il sentit quelque chose se détendre en lui; une sensation douce, inconnue, pénétra son cœur et y versa une chaleur abondante.

Quant à Rosalie, la naïve enfant était loin de se douter des préoccupations de Georges; elle se trouvait près de lui, sa main dans la sienne; tout à son bonheur présent, elle ne demandait pas autre chose. Qu'aurait-elle pu désirer encore? Georges la ramena près de sa tante, et, au lieu de s'éloigner immédiatement, il s'assit à côté d'elle. Elle eut un éblouissement de joie. Le charme qui entraînait le jeune paysan vers Lucile existait toujours, mais beaucoup moins puissant. Il pouvait la regarder sans trouble; seulement, il éprouvait encore près d'elle une certaine gêne mêlée de confusion, tandis que la présence de Rosalie le mettait à l'aise.

Madame Blanchard et sa fille s'étaient levées et se promenaient à quelque distance.

Georges, ayant mille choses à dire à Rosalie, se trouvait embarrassé pour prononcer un mot. Enfin, il ouvrit la conversation en lui faisant un compliment sur sa toilette.

Les yeux de la jeune fille brillèrent de plaisir.

— Vous me flattez, dit-elle.

— Mais non.

— Lucile est bien mieux que moi, reprit la jeune fille en baissant la voix.

— Lucile est belle, c'est vrai, dit Georges; elle est très-bien mise : mais avec votre charmante robe bleue bien simple et ce bouquet d'aubépine dans vos cheveux, je vous trouve mille fois plus jolie qu'elle.

— Oh ! je ne vous crois pas, monsieur Georges ! s'écria Rosalie avec un accent difficile à traduire.

— Pourquoi?

— Parce que c'est ma cousine que vous aimez.

— Que j'aime? Je n'en sais rien moi-même; il est vrai que je l'ai aimée, mais aujourd'hui il me semble que je n'ai jamais rien ressenti pour elle.

Rosalie jeta un regard rapide sur Georges et baissa les yeux aussitôt. Le jeune homme garda le silence.

L'orchestre villageois continuait à exécuter les quadrilles de son répertoire champêtre.

Madame Blanchard et Lucile étaient revenues à leur place.

Rosalie dansa encore avec Georges, et tour à tour avec une partie des jeunes gens du village.

Mais la dernière lueur du crépuscule disparut :

ce fut le signal de la retraite. Les derniers accords des violons expirèrent, et la place, tout à l'heure si animée, devint silencieuse et déserte.

— Rosalie est vraiment charmante, se disait Georges au milieu de la nuit, je suis sûr qu'elle fera une excellente ménagère et qu'elle aimera bien son mari. Comme elle me regardait avec douceur! Quelle différence avec sa cousine, dont la physionomie est toujours sévère et le sourire toujours moqueur! Il est vrai que mademoiselle Lucile est riche, tandis que Rosalie ne possède rien ou presque rien... Oui, mais cela m'est égal, à moi; le produit de ma ferme est assez beau pour me permettre de me marier à mon gré. Rosalie, au moins, ne m'accablera pas de ses dédains. Décidément, j'étais aveugle en aimant Lucile; elle s'est moquée de moi, elle a eu raison. Rosalie est la femme qu'il me faut, et je ne comprends pas comment j'ai pu l'ignorer si longtemps.

Pendant que Georges se livrait à ses réflexions, Rosalie rêvait aussi de son côté; elle cherchait à comprendre ce qu'il pouvait y avoir d'heureux pour elle dans les paroles que lui avait adressées le jeune homme; mais elle avait fait depuis trop longtemps le sacrifice de son bonheur, pour s'arrêter à l'idée que Georges pût l'aimer. Cela lui semblait impossible, et elle l'espérait d'autant moins, qu'elle le désirait avec plus d'ardeur.

Le lendemain, en se levant, Georges Villeminot montra à ses valets de ferme un visage joyeux. Ils le regardèrent avec des yeux étonnés; depuis un an, la bouche de leur maître ne riait plus; qui donc avait pu produire ce merveilleux changement?

Cette question, faite par les domestiques d'abord, fut répétée quelques jours après par tous les habitants de Meung. Mais le *qui?* resta sans réponse. Les curieux durent attendre et remettre pour plus tard le plaisir de se satisfaire. Georges était devenu une énigme vivante.

L'époque de la fenaison arriva. Un matin que Rosalie travaillait dans un pré, elle vit Georges Villeminot venir à elle. Depuis la fête du village, aucune parole n'avait été échangée entre eux; chaque fois qu'ils se rencontraient, ils se disaient bonjour ou bonsoir, et c'était tout. Rosalie éprouva donc une vive émotion lorsque le jeune paysan s'arrêta devant elle.

— Je suis bien aise de me trouver seul un instant avec vous, Rosalie, dit Georges ; j'ai quelque chose à vous dire.

— A moi, monsieur Georges ?

— Oui. Est-ce que vous ne pensez pas à vous marier, Rosalie ?

La jeune fille secoua la tête.

— Il faudrait pour cela trouver un mari, monsieur Georges, dit-elle.

— Eh bien, Rosalie?

— Je suis pauvre, personne ne voudrait de moi.

— Je crois que vous vous trompez, Rosalie; vous trouverez sûrement quelqu'un.

— Qui? je vous le demande.

— Moi, si vous le voulez.

— Vous? Oh! ce n'est pas bien, monsieur Georges; vous voulez vous moquer de moi.

— Je ne me moque pas de vous, Rosalie, au contraire.

— Je n'ose vous croire, monsieur Georges, reprit la jeune fille.

Et ses joues rougirent subitement.

— Voyons, Rosalie, voulez-vous m'aimer?

— Je ne sais pas, monsieur Georges, mais si vous m'aimiez, vous...

— Eh bien?

— Je suis sûre que je vous aimerais aussi.

— Merci, Rosalie, merci! s'écria Georges, ivre de joie, c'est tout ce que je demandais.

Il saisit la main de la jeune fille, la serra avec transport, et, sans ajouter une parole, il s'éloigna rapidement.

Le soir du même jour il se présenta chez M. Blanchard.

— Enfin, tu nous reviens donc! s'écria le vieux fermier; sois le bienvenu, Georges. Je commençais à craindre de ne plus te revoir chez nous; mais ta présence me rassure et m'apprend que tu es guéri, bien guéri, n'est-ce pas? ajouta-t-il d'une voix qui exprimait un regret.

— Je crois l'être complétement, monsieur Blanchard, et je vous en apporte une preuve.

— Une preuve!

— Oui, car je viens vous demander la main de votre nièce.

— Tu veux épouser Rosalie?

— Si vous y consentez, monsieur Blanchard.

— Tu es un brave garçon, Georges! s'écria le fermier; viens que je t'embrasse.

Georges se précipita dans les bras du vieillard.

— Dieu est juste, reprit le père Blanchard; la fille de mon frère devait être heureuse.

Il fit appeler Rosalie. Elle s'approcha tremblante et confuse.

— Voilà ton mari, lui dit le fermier en lui montrant Georges. Allons, embrasse-le.

Trois semaines après, Rosalie était la femme de Georges Villeminot.

IV

Lucile est assise devant un bon feu; — on est en hiver; la neige couvre les montagnes et les vallées; — son bras est appuyé sur une table à ouvrage, et sa tête sur sa main. Un volume de la Comédie humaine est ouvert sous ses yeux; elle lit les secrets de la princesse de Cadignan. Sur cette page, où Balzac fait jouer à la femme à la mode déchue sa dernière scène de coquetterie, mademoiselle Blanchard cherche à saisir une lueur d'espoir. Son front, après s'être éclairci un instant, s'assombrit de nouveau ; un dépit secret se dessina dans le mouvement de ses lèvres, et deux larmes, roulant sur ses paupières, mouillèrent ses longs cils. Elle ferma son livre et le jeta loin d'elle avec colère. Elle ouvrit son piano et commença l'exécution d'une des plus jolies mélodies de Schubert; mais elle s'arrêta dès le premier motif au milieu d'une mesure, se leva et alla se placer devant son miroir. Elle examina longuement son visage, souriant et plissant son front tour à tour. Ses doigts fiévreux soulevèrent un bandeau de sa chevelure et elle poussa un soupir en apercevant un cheveu blanc qu'elle arracha aussitôt. Ce cheveu blanc n'était pas venu lui seul annoncer à Lucile qu'elle commençait à vieillir ; son visage avait perdu sa fraîcheur, ses joues s'étaient creusées ; on aurait dit que les chairs, en se retirant, avaient séché la peau et marqué des rides légères à sa surface.

Pour conserver sa jeunesse et rester belle longtemps, la femme a besoin d'aimer et de se savoir aimée ; privée d'amour, c'est la fleur qui manque de soleil.

Lucile, malgré son orgueil, avait éprouvé, comme la plupart des jeunes filles, ce besoin d'aimer qui devient impérieux avec l'âge. Le germe de l'amour était dans son cœur ; mais elle n'avait rencontré aucun homme digne, selon elle, de le faire éclore.

Elle avait trente-deux ans, c'est-à-dire dix ans de plus qu'à l'époque du mariage de sa cousine avec Georges Villeminot. La dédaigneuse fille reconnaissait enfin le tort qu'elle s'était fait avec ses prétentions exagérées, et commençait à perdre l'espoir de trouver un mari. Depuis quatre ans les prétendants avaient disparu ; mais, dans les années précédentes, il s'en était présenté plusieurs.

Ce fut d'abord un jeune médecin qui venait de s'établir dans le pays. Malheureusement pour lui, il louchait horriblement, et, à sa troisième visite à la ferme, Lucile lui fit comprendre qu'elle n'épouserait jamais un homme regardant de travers.

Le fils d'un percepteur se présenta ensuite; depuis six mois seulement il était avocat. Il avait vingt-six ans, de belles manières et une jolie figure; mais il lui manquait deux canines à la mâchoire supérieure. Lucile ne voulut pas en entendre parler.

Plus tard, elle refusa un homme veuf, riche propriétaire habitant la ville.

— Je ne veux pas épouser, avait-elle dit, un homme qui a déjà été marié.

Un militaire se présenta à son tour. Agé de vingt-huit ans, il était lieutenant dans un régiment de hussards; mais ni son grade, ni son brillant uniforme ne purent toucher le cœur de Lucile. Le jeune officier lui déplut souverainement. Hélas! il avait les cheveux noirs et la barbe rousse.

Le dernier qui se présenta à la ferme était le fils unique d'un riche négociant retiré des affaires. Jeune, spirituel, instruit et charmant, il réunissait presque toutes les qualités demandées par Lucile.
— Elle lui fit un accueil gracieux.

— Enfin, se dit le père Blanchard, celui-ci va lui convenir, j'en remercie le ciel.

Le jeune homme connaissait la musique, il chantait même un peu. Lucile lui proposa un jour de chanter avec elle un duo de la *Dame blanche*. Il chanta faux. La jeune fille lui fit de vifs reproches. Néanmoins, elle lui eût peut-être pardonné si, quelques jours après, il ne lui avait pas soutenu que la musique d'Hérold était supérieure à celle d'Auber. Soutenir cette chose à Lucile, qui préférait Auber à Rossini lui-même, c'était vouloir perdre ses bonnes grâces. Il fut renvoyé.

A partir de cette époque, la maison Blanchard ne vit plus un seul amoureux ; les plus hardis reculèrent et se portèrent d'un autre côté. Pendant un an, Lucile fut l'objet des plaisanteries et des propos méchants des habitants de Meung. Elle allait avoir trente ans ; on la classa au nombre des vieilles filles destinées à ne jamais se marier, et on l'oublia.

Nos lecteurs comprendront facilement quelle devait être la situation d'esprit de mademoiselle Blanchard au moment où nous continuons notre récit.

Elle avait repris sa place près du feu, et, la figure cachée dans ses mains, elle se livrait à de tristes pensées ; son front orgueilleux se courbait sous une douleur accablante.

Mais bientôt elle releva la tête, ses yeux brillèrent d'un nouvel éclat.

— Non, non, s'écria-t-elle avec force, ma vie ne s'écoulera pas triste et isolée; je suis riche et je suis belle encore, je sortirai de mon tombeau; j'aurai ma part de bonheur et mes joies comme tant d'autres. La vieillesse peut venir avec les années, elle ne m'atteindra pas, car j'ai la jeunesse du cœur. Les jours que l'on n'a pas employés sont nuls dans la vie. Si je n'ai pas encore trouvé l'homme que je dois aimer, c'est que nous marchons sur deux routes; mais nous nous rencontrerons, j'en suis sûre. Ce jour peut être très-éloigné; n'importe, j'attendrai. Oh! comme je l'aimerai l'homme qui me donnera son nom et qui, me conduisant par la main, me fera prendre dans le monde la place qui m'est destinée!

Ainsi, après les instants de découragement, Lucile se roidissant contre ses craintes, revenait à l'espoir et appelait autour d'elle toutes les illusions de sa jeunesse; mais elle ne les conservait pas longtemps, elle retombait vite dans la réalité, et, incertaine sur son sort, elle osait à peine interroger l'avenir. Alors, elle se repentait de n'avoir point su aimer ceux qu'elle avait dédaignés en les sacrifiant à un de ses caprices ou à son orgueil. Tous étaient mariés et rendaient leur femme heureuse. Rosalie, par exemple, portait continuellement sur son visage riant la preuve de son bonheur domestique. Mère de trois beaux enfants, son cœur s'était agrandi pour contenir deux amours : l'amour maternel et celui qu'elle conservait pour son mari. Basée sur l'estime et fortifiée par la reconnaissance, son affection pour Georges devait être éternelle.

Cependant, malgré ces heures d'abattement et de désespoir, Lucile ne désespérait pas complétement de se marier. Elle attendait, mais bien décidée à accepter, sans examen, le premier homme qui se présenterait. Tous les matins elle se demandait :

— Est-ce aujourd'hui ?

Un jour, enfin, elle put répondre :

— Oui.

A deux époques de l'année, Lucile Blanchard allait passer quelques jours à la ville chez une ancienne amie de pension. Elle eut l'occasion d'y rencontrer un jeune homme d'une tournure distinguée, âgé de trente ans environ, et jouissant dans la ville d'une certaine considération. M. Hilaire Dermont s'était trouvé, à dix-huit ans, après la mort de son père, maître d'une fortune considérable. Semblable à la plupart des jeunes gens qui ne connaissent pas la valeur de l'argent, et trop jeune pour savoir employer dignement sa fortune, il quitta sa ville natale et alla habiter Paris. Il loua un appartement magnifique dans le quartier de la haute finance, fréquenta les artistes, les hommes de lettres et le monde des théâtres. Il eut de nombreux amis, des maîtresses charmantes, des chevaux, des voitures et des usuriers qui escomptèrent ses propriétés, si bien qu'au bout de quelques années, ruiné ou à peu près, il quitta Paris, n'osant plus y rester pauvre après y avoir vécu riche et recherché.

Il était en train de manger ses derniers mille francs lorsqu'il fit la connaissance de mademoiselle Blanchard. Le titre d'héritière que possédait Lucile le rendit très-aimable et très-assidu près d'elle. Il proposa le mariage. Lucile, fière d'avoir fait cette conquête qui flattait son amour-propre et satisfaisait son orgueil, accepta sans examiner si le passé du jeune homme pouvait être le garant de son bonheur dans l'avenir. Quelques personnes lui montrèrent le danger qu'elle courait en épousant un homme sans conduite, qui avait en peu de temps dissipé une fortune immense; mais elle ne voulut rien entendre; la crainte de rester fille lui ferma les yeux. Elle avait attendu si longtemps!...

Le rêve de toute sa vie fut réalisé; elle alla habiter à la ville et put briller dans ce monde où elle avait tant désiré prendre place. Cependant, un mois après son mariage, elle pleurait. Comme au village, le vide était autour d'elle. La malheureuse femme avait compris que son mari ne l'aimait point : l'amour lui manquait toujours.

Un an après le mariage de sa fille, le père Blanchard mourut. Lucile prit sa mère avec elle. M. Dermont se fit donner par sa femme et sa belle-mère une autorisation et vendit la ferme. Un capital de deux cent mille francs, produit de la vente, fut négocié par lui en son nom. Par ce fait, Lucile et sa mère se trouvèrent dépossédées, et la fortune du fermier passa dans des mains étrangères.

Madame Blanchard, enlevée à sa vie paisible et régulière, ne put se faire à l'existence tout opposée qu'elle menait à la ville; la transition avait été trop brusque pour son âge. Sa santé, déjà altérée par le chagrin que lui avait causé la mort de son mari, déclina sensiblement. Les soins de Lucile ne purent la sauver; six mois après la mort du fermier, elle le rejoignit dans la tombe.

M. Dermont était revenu peu à peu à ses anciennes habitudes et jetait dans sa vie d'homme marié tous les désordres de sa jeunesse. Son goût pour les plaisirs reparaissait d'autant plus vif qu'il avait été forcé de se priver plus longtemps par suite du mauvais état de ses affaires. Sa femme, qu'il s'était donnée parce qu'il le fallait pour retrouver une fortune, avait eu d'abord à ses yeux la valeur du chiffre représentant la ferme du père Blanchard; puis, lorsque l'héritage était devenu le sien, elle n'avait plus rien été pour lui, pas même un obstacle dans sa vie.

Lucile, abandonnée, méprisée, dévorait ses larmes, maudissait son fatal orgueil et souhaitait la mort.

La pauvre femme allait bientôt connaître la profondeur de l'abîme dans lequel elle était tombée.

Un matin, elle apprit que son mari avait quitté la ville, emmenant avec lui la principale actrice du théâtre, et que tous deux se rendaient à Paris.

Cette nouvelle produisit sur elle l'effet d'un choc électrique; elle frémit en envisageant sa position et en pensant à l'avenir. Après avoir été riche, elle se voyait, sans courage et sans force, luttant contre la misère.

Le lendemain, un huissier se présenta chez elle au nom de la loi, et à la requête d'un créancier de M. Dermont, pour faire l'inventaire et opérer la saisie de son mobilier. Elle ne s'attendait pas à ce nouveau malheur.

— O mon Dieu ! s'écria-t-elle, que vais-je devenir ?

Il fallait prendre immédiatement un parti ; elle pouvait trouver un asile dans quelque maison de la ville ; mais pour rien au monde elle n'eût voulu subir cette humiliation. Sa cousine Rosalie, dont elle connaissait l'amitié sincère, était la seule personne à qui elle pouvait s'adresser sans trop rougir. Elle fit à la hâte quelques paquets de ce qu'il lui était permis d'emporter, et, une heure plus tard, elle avait quitté la ville.

Les voitures publiques qui transportent les voyageurs de la ville dans les villages, et réciproquement des villages à la ville, mettent généralement beaucoup de temps à faire leur trajet. Il était minuit lorsque Lucile frappa à la porte de Rosalie.

Les deux cousines s'embrassèrent avec effusion, et Lucile raconta en pleurant à Rosalie son abandon, et comment elle était réduite à venir lui demander l'hospitalité.

— Je vous plains bien sincèrement, ma cousine, dit Rosalie en entourant de ses bras le cou de madame Dermont ; vous qui deviez être si heureuse ! Votre mari... mais ce n'est pas un mari, cet homme-là, c'est un monstre. Ah ! ma chère

Lucile, vous avez bien fait de compter sur moi ; vous ne manquerez de rien chez nous ; Georges et moi nous vous ferons oublier que vous êtes malheureuse.

— Cela ne s'oublie jamais, Rosalie.

— Vous verrez ; nous vous arrangerons une jolie chambre que vous meublerez vous-même ; Georges vous fera venir un piano de la ville, il vous achètera des livres.

— Des livres, un piano ! non, non. Il me fallait cela autrefois ; mais je ne suis plus une grande dame ; je redeviens aujourd'hui ce que j'aurais dû être toujours, la fille du fermier Blanchard, une paysanne simple, modeste et bonne comme toi, Rosalie. J'habiterai ta maison puisque tu veux bien m'y recevoir ; mais je ne veux pas y être à charge, je travaillerai.

— Vous, travailler !

— Oui, Rosalie. Mon corps se pliera à la fatigue, et si parfois je manque de force, je n'aurai qu'à te regarder ; tu me rendras le courage.

— Mais c'est impossible, ma cousine, je ne souffrirais pas...

— Tu oublies, Rosalie, que je suis pauvre. Je dois travailler si je veux vivre, car je n'accepterai jamais une aumône.

8.

— Ah! Lucile, pourquoi me parles-tu ainsi? dit Rosalie avec un accent de reproche. Cela n'est pas bien; tu es fière avec moi.

— C'est une noble fierté, celle-là, dit Georges qui, debout dans un coin obscur de la salle, avait entendu la conversation des deux femmes sans qu'elles se doutassent de sa présence. Madame Dermont a raison, le travail c'est l'indépendance.

HISTOIRE

D'UN BONNET DE POLICE

HISTOIRE D'UN BONNET DE POLICE

I

Au mois de mai dernier, un de mes amis d'enfance se mariait à Clos-Fontaine, petit village de la Brie, à trois quarts d'heure environ du joli bourg de Guignes, où Napoléon battit les Autrichiens le 17 février 1814. Je faisais partie des soixante à quatre-vingts personnes invitées pour fêter joyeusement les jeunes époux. Après le dîner, qui commença à cinq heures et se prolongea jusqu'à neuf heures, après l'audition d'une certaine quantité de chansonnettes et romances chantées d'une manière plus ou moins agréable par des voix fraîches et jeunes, et interrompues souvent par les rires bruyants de l'assemblée, les tables furent enlevées à la grande satisfaction des jeunes filles. Un violoneux et un joueur de flûte, venus de Guignes, se perchèrent sur des chaises dans un coin de la salle, et le bal si impatiemment attendu commença.

Malgré mon peu de goût pour la danse, ce bonheur de la jeunesse, je dus faire comme les autres : je dansai. Du reste, je trouvais un certain plaisir à examiner l'ensemble de ce bal villageois où chacun dansait à sa manière, ceux-ci n'écoutant pas la musique, ceux-là dansant peut-être pour la première fois, et les vieillards faisant les entrechats et marquant les pas d'été d'il y a quarante ans. Mais on se lasse de tout, et à onze heures et demie je songeai à battre en retraite. J'étais du reste fatigué par le voyage que j'avais fait le matin pour me rendre à Clos-Fontaine. Une triste réflexion vint aussitôt désespérer mon besoin de repos : on avait oublié de me donner mon billet de logement. Comme pour me narguer, mes paupières s'alourdirent sur mes yeux, et certains mouvements des mâchoires que je ne pouvais retenir qu'au moyen d'efforts inouïs, semblèrent me prévenir que j'allais m'emdormir sur mes deux jambes. Je me mis à la recherche de mon ami; mais le jour de leur noce tous les amis sont égoïstes, le mien avait disparu depuis une demi-heure, sans même songer à moi.

— Si seulement il y avait une auberge dans le village, me disais-je, je saurais où aller.

Puis, faisant contre fortune bon cœur, j'ajoutai philosophiquement :

— La nuit est belle, l'air est tiède ; je me promènerai jusqu'au jour sous le ciel bleu ; je verrai filer les étoiles, et, sans observatoire ni lunettes, j'étudierai les astres. Si je n'annonce pas l'apparition d'une nouvelle comète, j'aurai cela de commun avec beaucoup d'illustres savants.

Malgré ce beau raisonnement, j'étais fort contrarié ; l'expression de ma physionomie le laissa voir, sans doute, car un jeune homme qui se trouvait à côté de moi me dit en souriant :

— Je devine votre embarras ; vous êtes fatigué, et personne ne vous a encore offert un lit pour dormir cette nuit.

— Puisque vous m'avez si bien compris, répondis-je, j'aurais mauvaise grâce à soutenir le contraire.

— En ce cas, monsieur, reprit le jeune homme, veuillez accepter l'hospitalité que je vous offre sous le toit de mon père.

— De tout mon cœur, monsieur.

— Venez donc.

Je suivis mon jeune guide pendant quelques minutes, et nous nous arrêtâmes devant une grande et belle maison que je connaissais déjà comme appartenant à un des plus riches propriétaires de Clos-Fontaine.

— C'est ici, dit le jeune homme.

Il ouvrit la porte et me pria poliment d'entrer.

Personne n'était encore couché dans la maison. Devant la grande cheminée, où deux quartiers de chêne achevaient de brûler, se trouvaient quatre personnes : le maître du logis, un beau vieillard, qui fumait tranquillement sa pipe, et sa femme, occupée à marquer du linge, puis deux servantes tricotant avec une ardeur étonnante.

En nous voyant entrer, le vieillard se leva, et, m'ayant souhaité la bien venue, il m'offrit un siége à côté de lui. Alors je racontai gaiement l'embarras dans lequel je m'étais trouvé un instant auparavant. Tout en causant, mes yeux découvrirent, précieusement conservés sous un cylindre de verre, un bonnet de police garni de galons d'or et une croix de la Légion-d'honneur.

— La médaille de Sainte-Hélène que vous portez, dis-je au vieillard, m'indique que vous avez été soldat de l'Empire. Vous aviez un beau grade dans l'armée, continuai-je en regardant la croix d'honneur et le bonnet de police.

Le vieillard sourit.

— J'ai toujours été simple soldat, dit-il. Votre erreur vient de ce bonnet de police, qui a appartenu, en effet, à un officier supérieur de la vieille garde.

— Un de vos compagnons d'armes, sans doute?

— Non, je ne l'ai jamais connu. Cela vous paraît singulier, n'est-ce pas? Mais vous seriez bien autrement surpris si vous connaissiez l'histoire du bonnet de police.

— Pouvez-vous me la raconter?

— Volontiers.

J'avais oublié ma fatigue et n'éprouvais plus la moindre envie de dormir.

Sur un signe de leur maîtresse, les servantes serrèrent leur travail et sortirent de la salle.

Nous rapprochâmes nos siéges du feu, et le vieux soldat commença son récit.

I

Napoléon venait de rentrer dans Paris, trois mois après l'incendie de Moscou. Sa grande et belle armée était anéantie, et une nouvelle coalition des souverains de l'Europe menaçait le vaste empire français. Les conséquences du désastre de la Bérésina ne pouvaient manquer d'être funestes à la France. L'empereur, dont le génie semble grandir dans le malheur, espère encore ramener la victoire sous nos drapeaux, vaincre ses nombreux ennemis et sauver l'empire. Il lui faut une nouvelle armée; il la demande au sénat, et deux cent cinquante mille hommes sont appelés sous les armes. Le petit village de Clos-Fontaine donna pour sa part six de ses enfants, dont quatre étaient de la classe de 1814. L'un des personnages de notre récit se trouvait au nombre des jeunes recrues. Jacques était son nom.

Pendant les quelques jours qui précédèrent le départ des conscrits, bien des larmes furent versées : les mères savaient trop bien les dangers qui enaçaient leurs fils, car à cette époque on partait souvent pour ne plus revenir. Mais tel était l'enhousiasme des populations pour Napoléon, que, le moment de la séparation arrivé, les mères et les sœurs furent les premières à dire en séchant leurs yeux :

— L'empereur a besoin de vous, partez.

Jacques n'eut pas, comme ses camarades, la douleur de quitter une mère ou une sœur chérie : le pauvre garçon était orphelin depuis l'âge de quatre ans ; mais il avait une promise, une promise qu'il aimait de toute son âme ; elle était d'autant mieux aimée que jamais le cœur de Jacques n'avait donné sa tendresse à un autre être. Tout l'amour qu'il aurait eu pour son père, sa mère, un frère ou une sœur, il l'avait mis dans cette affection unique.

Une heure avant de partir, Jacques, le front chargé de tristesse et le cœur gros de soupirs, se présenta chez le père de sa fiancée.

— Me voilà soldat, père Beaudoin, dit-il en essuyant une larme qui venait de tomber sur sa joue.

— C'est vrai, mon pauvre Jacques ; tu n'as pas eu de chance.

— C'est assez mon habitude de n'en pas avoir, vous le savez.

— Allons, ne te décourage pas; il y a des jours de bonheur pour tout le monde, tu auras les tiens.

Un sourire triste et doux effleura les lèvres du jeune homme.

— Peut-être! dit-il.

— Tu es jeune, reprit le vieillard en lui serrant affectueusement la main, tu peux attendre et espérer.

— Eh bien! je vais espérer et attendre... Mais je ne vois pas Louise; est-ce qu'elle est sortie?

— Non, elle est en haut, dans sa chambre. Elle est bien triste aussi, la chère enfant.

— Me permettez-vous de lui dire adieu? demanda Jacques avec une certaine hésitation dans la voix.

— Comment! si je te le permets! N'es-tu pas son fiancé?

— Oh! merci! merci! père Beaudoin; je craignais... pardonnez-moi...

— Tu craignais... quoi donc?

— Que vos intentions à mon égard n'eussent changé, répondit Jacques en rougissant.

— Voilà qui est mal, mon garçon. N'étais-je pas l'ami de ton brave homme de père? N'est-ce pas moi qui ai eu soin de ton enfance, qui t'ai élevé, enfin? Tu es presque mon fils, Jacques. J'ai su apprécier ce que tu vaux, et l'année dernière, quand je t'ai dit: « Jacques, tu aimes ma Louise, elle sera ta femme, » je savais déjà que je pouvais sans crainte te confier son bonheur.

— Ah ! vous ne savez pas tout le bien que vous me faites ! s'écria Jacques en pleurant de joie. Maintenant, je partirai content, heureux, et, j'en suis sûr, je reviendrai.

— A la bonne heure ! c'est ainsi qu'il faut parler. Mais Louise doit savoir que tu es ici ; elle t'attend, viens lui faire tes adieux.

Antoine Beaudoin avait apporté une certaine coquetterie dans l'arrangement de la chambre que, deux années auparavant, il avait fait construire pour sa fille au-dessus du rez-de-chaussée de son habitation. Les murs étaient recouverts d'un joli papier avec des fleurs roses et bleues qui couraient sur un fond blanc. L'ameublement en vieux cerisier imitait l'acajou. La cheminée en marbre blanc, sillonné de veines bleuâtres, était placée entre deux fenêtres ouvrant sur la rue et garnies de rideaux de mousseline que Louise avait brodés elle-même. Soit prudence paternelle ou tout autre motif, Antoine Beaudoin avait eu la précaution d'orner les deux fenêtres de barreaux de fer solidement scellés dans la pierre. Mais au printemps, et pendant tout l'été, les volubilis, les pois de senteur, et les clochettes blanches et bleues grimpaient autour de ces vilains barreaux noirs et les cachaient à tous les yeux.

Quand le père Beaudoin et Jacques entrèrent dans la chambre, Louise, assise devant sa petite table à ouvrage, pleurait, le visage caché dans les plis de son tablier d'indienne.

Son père l'appela doucement.

Elle se leva aussitôt, et, sans chercher à cacher ses larmes, elle s'avança vers Jacques, lui tendit la main, entoura de son autre bras le cou de son père et s'écria en sanglotant :

— O mon père, mon père !...

Cette exclamation résumait toute la douleur de la jeune fille.

— Louise, mon enfant, calme-toi, dit Beaudoin visiblement ému ; Jacques va partir parce qu'il le faut, mais il nous reviendra... bientôt. N'est-ce pas, Jacques ?

— Oui, bientôt, répondit le jeune soldat.

— Mon pauvre Jacques ! dit tristement la jeune fille, nous devions être si heureux !...

— Louise, reprit le père Beaudoin, est-ce avec de semblables paroles que tu crois donner à Jacques la force de nous quitter ? Tenez, vous êtes deux enfants, et l'on voit bien que vous ne savez rien encore de la vie. Allons, embrassez-vous, bien fort, sur les deux joues.

Louise offrit timidement son joli visage aux baisers du conscrit.

— Et moi, Jacques, ne vas-tu pas m'oublier?

— Oh! non, non, dit le jeune homme en se jetant au cou du vieillard.

— Maintenant, mon garçon, va rejoindre tes camarades qui t'attendent. Bon courage et à bientôt!

— A bientôt! père Beaudoin; au revoir, Louise, dit Jacques en se dirigeant vers la porte.

— Adieu! Jacques, adieu! s'écria la jeune fille. Chaque jour je prierai pour vous.

Jacques s'éloigna rapidement, essayant de ne pas pleurer et pleurant malgré tout. Après avoir fait une centaine de pas, il se retourna pour regarder une dernière fois les fenêtres de sa fiancée. La tête charmante de Louise lui apparut entre deux barreaux; sa petite main blanche agitait au dehors son tablier qu'elle avait détaché de sa ceinture. Jacques lui envoya un dernier adieu et se remit à marcher.

Le père Beaudoin n'avait pas quitté sa fille. Quand Jacques eut disparu, Louise s'éloigna de la fenêtre, s'arrêta au milieu de la chambre et se reprit à pleurer en regardant son père.

— Bon! voilà que ça recommence, dit le vieillard. Pourquoi te désoler ainsi, Louise? A te voir, on croirait que Jacques est déjà mort. Il faut avoir plus de courage que ça, ma fille. Certes, je l'aime aussi, moi; comme toi, je suis malheureux de le voir partir. Mais je suis calme, je... je... Eh bien! est-ce bête? voilà que je pleure aussi.

Et le brave homme tira vivement son mouchoir dont il couvrit ses yeux.

III

Quelques mois seulement se sont écoulés depuis le départ des conscrits; mais, l'empereur à leur tête, ils ont mis le pied sur le sol de l'Allemagne et sont déjà presque de vieux soldats. On les vit, ces braves enfants de la France, sous le fer et le feu de plus de cent mille ennemis, Russes et Prussiens, gagner la sanglante bataille de Lutzen. Napoléon leur avait dit ces mots: « Enfants, il ne faut pas craindre la mort; quand on la brave, on la fait rentrer dans les rangs ennemis. » Et ils s'étaient élancés la baïonnette en avant. Oh! ce fut une terrible journée; pendant près de trois heures on se battit corps à corps. Des milliers d'hommes, morts ou blessés, couvraient le champ de bataille.

Au plus fort de la mêlée, Jacques vit tomber à son côté un jeune officier de son régiment. Il le prit dans ses bras nerveux et le porta à une assez grande distance, afin de le mettre à l'abri des balles ennemies qui ne cessaient de pleuvoir sur nos soldats. L'officier était grièvement blessé ; il eut cependant la force de remercier Jacques et de lui serrer la main. Mais, au bout d'un instant, ses yeux se fermèrent et sa tête tomba lourdement sur le sol. Jacques, le croyant évanoui, allait s'éloigner, lorsque le jeune officier rouvrit les yeux et porta vivement sa main sur sa poitrine.

— Je ne les ai plus, murmura-t-il.

Et son regard, que la fièvre rendait étincelant, s'arrêta sur Jacques avec une fixité étrage.

— Quoi donc? demanda le jeune soldat.

— La croix, le bonnet de police.

Jacques pensa un instant que le blessé avait le délire.

— Pour moi, ces objets valent un trésor, reprit l'officier ; c'est un précieux souvenir.

— Je les retrouverai peut-être, dit Jacques.

— Oui, là-bas, à la place où je suis tombé.

Jacques s'éloigna en courant. Arrivé à l'endroit désigné par le jeune officier, il trouva, en effet, une croix et un bonnet de police. Il aurait bien voulu les rendre immédiatement au blessé ; mais l'ennemi commençait à reculer devant l'armée française, et il fut forcé de marcher en avant. Le soir même il entrait avec son régiment dans la ville de Lutzen.

Un mois se passa sans qu'il fût possible à

Jacques d'obtenir le moindre renseignement sur le sort du jeune officier. Il s'était battu vaillamment à Bautzen, et sans même recevoir une égratignure.

— En France, une jeune fille priait pour lui et le ciel le protégeait.

Pendant qu'une partie de l'armée française prenait possession de la Silésie, Jacques parcourait la ville de Dresde, cherchant le blessé de Lutzen. Il le retrouva enfin, sinon guéri, du moins en pleine convalescence.

L'officier éprouva une vive satisfaction de le revoir.

— Vous vous êtes donc souvenu de moi? dit-il.

— Je n'ai pas cessé de penser à vous, répondit Jacques. Est-il mort? est-il vivant? Chaque jour je m'adressais vingt fois ces deux questions. Grâce à Dieu, mon officier, je vous revois comme je le désirais, un peu pâle encore, mais en somme bien portant.

— La balle qui m'a frappé n'était pas assez lourde, dit l'officier en souriant; je pourrai encore me battre pour la France.

— On parle de la paix, l'empereur la désire; mais le soldat n'y croit pas. Dans quelques mois, sans doute, nous nous retrouverons sur le même champ de bataille.

— Nous ferons comme nous avons déjà fait, dit fièrement l'officier, nous vaincrons.

— Une bataille gagnée encore, reprit Jacques, et nous pourrons peut-être revoir la France.

— Voilà des paroles qui trahissent votre pensée : il vous tarde bien, n'est-ce pas, de vous retrouver près de votre mère ?

Un nuage de tristesse passa sur le front de Jacques.

— Je n'ai plus de mère, dit-il ; je suis orphelin !

— Orphelin, vous aussi !... Votre vie ressemble à la mienne, Jacques ; comme vous, je suis seul au monde, voulez-vous être mon ami ?

— Je n'aurai pas de peine à vous aimer, mon officier ; c'est déjà fait.

— Je n'en doute pas, Jacques. Votre empressement à venir me trouver le prouve.

— Outre le plaisir de vous revoir, n'avais-je pas à vous rapporter la croix et le bonnet de police ?..

— Vous les avez donc retrouvés ?

— Les voici, dit Jacques.

— Oh ! merci, mon ami ! s'écria l'officier ; vous ne savez pas combien la surprise que vous me faites me rend heureux ! Mais je puis vous raconter mon histoire, et quand vous m'aurez entendu, vous comprendrez pourquoi j'attache un si grand prix à cette croix et à ce morceau de drap galonné :

« Je suis né à Paris en l'an 1ᵉʳ de la république française, deux mois avant la mort de Louis XVI. Lorsque la révolution éclata, mon père était sergent aux gardes françaises ; il eut le bonheur de se faire remarquer à la prise de la Bastille, ce qui lui valut, peu de temps après, d'être nommé officier. En 1790, il épousa ma mère, qui tenait alors un petit magasin de mercerie dans la rue Saint-Denis ; mais il n'eut pas le bonheur de rester longtemps près d'elle : la patrie, menacée par les ennemis de la révolution, l'appela à défendre nos frontières. Il se trouva à Valmy et à Jemmapes, où il gagna les épaulettes de capitaine.

« Quand je le vis pour la première fois, j'avais environ six ans. Je ne connaissais encore que les douces caresses de ma mère ; comme tous les enfants, j'étais craintif. Pendant les premiers jours, la figure énergique de mon père et son épaisse moustache noire m'effrayèrent ; dès que je l'apercevais, je courais me cacher tout peureux dans les bras de ma mère, qui faisait de vains efforts pour me rassurer. Lui, pourtant, tâchait de vaincre ma sauvagerie par toutes sortes de moyens : en me parlant il adoucissait le timbre de sa grosse voix, il emplissait ses poches de friandises qu'il m'offrait l'une après l'autre et que je prenais dans sa main, sans toutefois l'approcher de trop près. Peu à peu je m'habituai à le regarder; la gourmandise me rendit brave, et bientôt je fus tout à fait apprivoisé. Je grimpais à chaque instant sur ses genoux, je jouais avec les franges d'or de ses épaulettes, et même avec sa moustache, qui d'abord m'avait si fort épouvanté. Oh! comme il m'embrassait! Avec quel bonheur il me serrait dans ses bras!... Quand il nous quitta, peu de temps après, pour suivre Napoléon en Égypte, je l'aimais presque autant que ma mère.

« Mon premier chagrin fut celui que j'éprouvai quand je perdis ma mère; j'avais alors douze ans. Mon père avait assisté à ses derniers moments; elle était morte dans ses bras, regrettant la vie, mais sans souffrir.

J'entrai au lycée. A partir de ce jour, je fus dans l'isolement, et je sentis vivement la perte cruelle que j'avais faite.

Dans l'espace de quatre ans, je vis deux fois mon père; encore avais-je à peine le temps de l'embrasser. Il était colonel, et sa vie, comme celle de ses soldats, appartenait à l'empereur. En 1808, je fus admis à l'École impériale militaire. L'année suivante, un bulletin de la grande armée annonçait à la France entière la victoire de Wagram ; et moi, j'apprenais la mort de mon père... »

Le jeune officier s'interrompit un instant pour essuyer de grosses larmes qui coulaient sur ses joues. Il passa une de ses mains sur son front, comme pour se débarrasser de tristes pensées, et, toujours vivement ému, il reprit :

« Oui, le colonel Aubry était mort à Wagram ; un biscayen lui avait brisé la tête. Pendant plusieurs jours, je restai enfermé dans ma chambre. Je pleurai. Une voix intérieure me criait : Tu seras soldat un jour, alors tu pourras venger ton père.

« J'aurais déjà voulu être sur un champ de bataille devant les ennemis, mais j'avais encore longtemps à attendre. Cette pensée de vengeance me fit découvrir en moi une ardeur guerrière que je ne soupçonnais même pas. Je me sentais un homme, et je me voyais bravant le danger, affrontant la mort sans pâlir. Je cessai de pleurer, mais mon cœur garda sa douleur, vive et profonde.

Quelques mois après, je reçus la visite d'un vieux sergent des grenadiers de la garde.

— Vous êtes le fils du colonel Aubry? me demanda-t-il.

— Oui, mon brave, répondis-je. Que désirez-vous de moi?

« Le grenadier se mit alors à me regarder attentivement, et je vis des larmes rouler dans ses yeux.

« — J'étais à Wagram, dit-il après un moment de silence.

« — A Wagram ! m'écriai-je. Vous avez donc vu mourir mon père ?

« — Quand le colonel rendit le dernier soupir, reprit-il, sa tête reposait sur ma poitrine.

« — Vous l'aimiez, n'est-ce pas ? mon cœur me le dit.

« Et je me jetai au cou du vieux soldat, que j'embrassai sur les deux joues.

« — J'aurais donné ma vie pour lui, dit-il.

« — Avant de mourir, a-t-il parlé ? Quelles ont été ses dernières paroles ?

« — Jérôme, m'a-t-il dit, si tu retournes à Paris, tu iras voir mon fils. Tu lui diras que ma dernière pensée a été pour lui. Je vais rejoindre sa mère ; qu'il garde le souvenir de ceux qu'il l'ont bien aimé et que le ciel lui a pris trop tôt.

« — Sois tranquille, cher père, et toi aussi, ma bonne mère, m'écriai-je ; votre enfant ne vous oubliera jamais, car il sera toujours digne de vous.

« — Après m'avoir dit ces paroles, continua le vieux sergent, votre père me donna sa croix d'honneur et son bonnet de police, en me faisant promettre de vous les remettre moi-même.

« En parlant, le grenadier avait déplié lentement un morceau de toile dans lequel étaient enveloppés la croix et le bonnet de police. Sur la croix on voyait encore des traces du sang de mon père. Je la pris d'une main tremblante et la baisai à plusieurs reprises comme une sainte relique.

« Le vieux soldat pleurait en me regardant.

« — Ah! mon colonel! ah! mon colonel! murmurait-il.

« Enfin il me prit les deux mains et les serra dans les siennes. Puis il partit en me promettant de revenir me voir. Mais j'ai vainement attendu sa visite. Il est probable que je ne le reverrai plus, car il a fait la campagne de Russie. »

IV

Depuis plusieurs jours une brume épaisse voile le ciel, la bise siffle dans les arbres que le givre blanchit, et la gelée continue à mordre la terre. La nuit est venue, sombre et froide ; mais on est à la veille d'une bataille et les soldats français, couchés dans leurs manteaux, reposent sur le sol glacé qui, quelques heures auparavant, résonnait sous les sabots des chevaux, criait sous le poids des canons. Aux dernières lueurs des feux qui vont s'éteindre, on distingue de nombreux faisceaux d'armes, on voit briller des milliers de baïonnettes. L'armée est endormie ; mais de distance en distance veillent les sentinelles, prêtes à crier aux armes au moindre bruit venant du camp ennemi.

Cependant, parmi tous ces hommes dont les corps immobiles couvrent la plaine et le coteau, quelques-uns sans doute n'ont pas encore fermé les yeux : il est de douces pensées qui domptent facilement la fatigue et le sommeil.

Minuit va bientôt sonner ; les feux ne projettent

plus sur le camp qu'une lumière faible et indécise. Parfois encore une flamme s'échappe d'un monceau de cendres et répand autour d'elle une vive clarté. Mais, comme l'éclair qui jaillit d'un nuage, elle s'éteint aussitôt, et la nuit et le silence retombent sur les soldats.

A la lueur d'une de ces flammes passagères, un soldat se souleva lentement sur ses bras et jeta autour de lui un coup d'œil rapide, plein d'anxiété. Il ne vit que les têtes immobiles de ses camarades étendus, pêle-mêle, autour de lui. Alors, un soupir de satisfaction s'échappa de sa poitrine, son cœur se mit à battre vivement, et son front sembla s'illuminer d'une joie immense.

— Allons, n'hésitons pas, murmura-t-il. Du reste, dans deux heures je serai de retour.

Il se débarrassa de son manteau, regarda une dernière fois à droite et à gauche en prêtant l'oreille, et, s'étant mis à plat ventre, il s'éloigna sans bruit, en rampant comme un serpent. Au bout d'un quart d'heure, et après s'être arrêté vingt fois, croyant à chaque instant avoir été aperçu, il atteignit une large haie d'aubépine qui décrivait un demi-cercle sur le flanc d'un petit monticule ayant la forme d'un pain de sucre coupé en deux.

La promenade nocturne entreprise par ce soldat

était des plus périlleuses, car il avait à traverser le camp au milieu de ses compagnons d'armes et à éviter le *qui vive* des sentinelles. Il fallait qu'un motif bien puissant le fît agir, pour qu'il ne redoutât ni les obstacles qu'il devait rencontrer, ni les dangers presque inévitables qu'il avait à courir. Il fallait aussi qu'il connût parfaitement le pays, pour diriger sa marche dans l'obscurité, sans hésitation, à travers les arbres, les buissons et les accidents de terrain.

Il s'arrêta près de la haie un instant pour reprendre haleine, et aussi pour se convaincre que nul ne l'observait. Rassuré par le silence et plein d'une résolution hardie, il se dressa sur ses jambes et se mit à marcher d'un pas rapide en suivant la ligne courbe tracée par la haie. Il arriva au bord d'un ravin profond, creusé par les grosses pluies d'orage et défendu par des ronces entrelacées et de longues herbes grillées par les gelées. Il se fraya un passage au milieu des épines et se laissa glisser jusqu'au fond du ravin, qu'il trouva heureusement desséché. Le lit du torrent devait lui offrir un chemin sûr pour arriver au terme de sa course. Il en suivit la pente douce, qui le conduisit à une rivière large de quatre ou cinq mètres. Il la traversa sur la glace, fit encore deux cents pas environ et se trouva près d'un village dont il ne tarda pas à découvrir les habitations à travers le brouillard et les arbres. Alors il commença à respirer librement ; il oublia ses craintes, pour livrer tout son cœur à la joie qu'il éprouvait.

Malgré l'heure avancée de la nuit, on voyait des lumières briller dans l'obscurité : le voisinage de l'armée ennemie tenait les paysans éveillés.

Derrière les maisons s'étendaient des jardins entourés de haies de charmes ou de palissades ; le soldat franchit l'une de ces premières clôtures, et, guidé par un rayon de lumière, il s'avança vers la porte d'une maison ; mais, au moment de l'ouvrir, sa main devint tremblante ; il sentit ses jambes fléchir et un mouvement convulsif agita tout son corps. Plus forte que la fatigue et les émotions diverses qu'il avait éprouvées depuis une heure, une sensation de plaisir trop vive venait de le briser. Des larmes de bonheur brillèrent dans ses yeux. Il s'appuya un instant contre la porte avant d'entrer dans la maison, où veillaient un vieillard et une jeune fille.

Le vieillard achevait de confectionner une corbeille d'osier ; la jeune fille avait laissé son ouvrage, s'était agenouillée et priait depuis quelques minutes, la tête penchée sur ses mains jointes.

Bientôt le vieillard cessa lui-même de travailler ; il jeta quelques poignées de copeaux sur le feu pour en raviver la flamme, et se mit à considérer la jeune fille avec une expression de tendresse infinie.

— Comme elle est gentille ainsi ! murmura-t-il dans son admiration naïve et touchante.

Presque aussitôt elle se releva et vint s'asseoir tout près de lui.

— Mon père ! dit-elle en appuyant sa jolie tête sur l'épaule du vieillard, croyez-vous que Jacques soit parmi les soldats de l'armée française qui se sont arrêtés ce soir aux environs de Guignes ?

— C'est bien possible.

La jeune fille resta un moment silencieuse et pensive.

— Il n'y a pas bien loin de Guignes à Clos-Fontaine, reprit-elle ; si Jacques s'y trouve, pourquoi n'est-il pas venu nous voir, mon père ?

— Enfant ! Tu crois donc qu'un soldat est libre d'aller où il veut, à la veille d'une bataille surtout ?

— Vous pensez donc qu'on se battra demain ?

— Demain ou après, la bataille est inévitable.

— Oh ! mon père, si Jacques allait être tué !...

— Voilà vingt fois que tu me dis la même chose, Louise, et Jacques continue à se bien porter.

— C'est vrai, mon père, j'ai tort de m'alarmer. Mais, je ne sais pourquoi, je me sens aujourd'hui plus triste, plus inquiète; il me semble que la vie de Jacques est menacée. Est-ce un pressentiment? Cher père, je voudrais bien vous demander quelque chose.

— Tu sais que je ne te refuse rien.

— Alors, promettez-moi d'aller à Guignes demain matin.

— A Guignes, pourquoi?

— Pour avoir de ses nouvelles et lui parler si c'est possible.

— Oui, si c'est possible. J'irai à Guignes, puisque tu le désires : mais je suis bien sûr que je ferai un voyage inutile; car en admettant que ton fiancé soit si près de nous, comment pourrai-je arriver jusqu'à lui? Un général d'armée est souvent inconnu des soldats, à plus forte raison Jacques doit l'être. Le chercher dans l'armée, c'est vouloir trouver une épingle dans un pré.

— En ce cas, mon père, n'allez pas à Guignes, reprit la jeune fille.

Et un long soupir souleva sa poitrine.

— Allons, tu n'es pas contente de moi, avoue-le, dit le père en essayant de sourire.

— Vous êtes bon, et je vous aime, reprit Louise

en appuyant ses lèvres sur la joue du vieillard ; c'est vous qui avez à vous plaindre de moi, car c'est mal de penser toujours à son fiancé et d'oublier son père. Oh ! c'est que je serais si heureuse de le voir !

En ce moment, on entendit frapper doucement à la porte ouvrant sur le jardin.

La jeune fille jeta un petit cri et se serra toute peureuse contre son père.

— Avez-vous entendu? dit-elle.

— Oui, quelqu'un a frappé ; c'est sans doute un de nos voisins qui, comme nous, n'est pas encore couché. Je vais ouvrir.

Le vieillard prit la lampe et se dirigea vers la porte.

— Qui est-là? demanda-t-il.

— Jacques! répondit une voix au dehors.

Le vieillard faillit laisser tomber la lampe ; Louise, d'un bond, s'était élancée près de lui.

— Mais ouvrez donc, mon père, disait-elle ; c'est lui, c'est Jacques, j'ai reconnu sa voix.

Revenu un peu de sa surprise, le père Beaudoin fit crier la clef dans la serrure et la porte s'ouvrit. Quatre bras tendus accueillirent le jeune soldat.

V

Un instant après, Jacques était assis près du feu entre Louise et son père. La jeune fille, le visage rayonnant, une main dans celles de son fiancé, le regardait et souriait.

— Nous ne t'attendions guère, va, disait le vieux Beaudoin à Jacques, qui peut-être ne l'écoutait point; mais quelle agréable surprise! Justement nous parlions de toi. Louise me conseillait d'aller à Guignes demain, pour avoir de tes nouvelles; c'est une promenade dont mes vieilles jambes se passeront. Pendant toute la soirée nous avons été tristes, silencieux, songeurs; j'ai vu deux ou trois fois Louise essuyer une larme. Maintenant, la voilà joyeuse et souriante, silencieuse encore, pourtant, car moi seul je bavarde; mais si votre langue ne va pas, en revanche vos yeux ne se privent pas de jaser, et Dieu sait tout ce qu'ils se sont déjà raconté.

— Mais nous vous écoutons, mon père, dit Louise.

— Certainement, et sans m'entendre, reprit le vieillard avec un bon sourire. Cependant, il va falloir se déranger pour aller chercher deux de ces bouteilles qui, depuis dix ans, moisissent dans le cellier. Pour le pauvre, chaque jour de joie est un jour de fête; pour nous, cette nuit, c'est fête carillonnée.

Louise se leva aussitôt pour répondre au désir de son père.

— Eh bien, Jacques, demanda le vieillard quand la jeune fille fut sortie de la chambre, comment trouves-tu ma Louise?

— Grandie et vingt fois plus jolie qu'avant mon départ. Tenez, père Beaudoin, je suis si heureux qu'il faut que je vous embrasse une seconde fois.

En quelques minutes, Louise eut mis sur la table une nappe blanche, les deux bouteilles de vin, des verres, du lard froid et un fromage du pays.

— Que penses-tu de ce vin-là, Jacques? dit le père Beaudoin en versant une seconde rasade.

— Je ne suis pas connaisseur, mais je le crois excellent; il me semble que j'ai avalé du feu.

— Il en reste six bouteilles; nous les boirons le jour de votre mariage, mes enfants.

Les deux jeunes gens échangèrent un regard plein de tendresse et de mystérieuses pensées.

— Maintenant, mon garçon, reprit le vieillard, dis-nous comment tu as obtenu une permission pour venir nous voir?

Cette question, à laquelle Jacques ne s'attendait pas, lui rappela qu'il avait manqué à son devoir de soldat. Un nuage passa devant ses yeux, son front s'assombrit et il lui sembla que toutes ses joies s'envolaient loin de lui. Il fut sur le point d'avouer sa faute; mais la crainte d'inquiéter sa fiancée lui ôta le courage. Pour cacher son trouble et ne pas perdre contenance, il vida son verre d'un trait et le présenta au père Beaudoin, qui le remplit de nouveau jusqu'au bord.

— Vous croyez donc, père Beaudoin, dit-il avec une gaieté apparente, que j'aurais pu passer la nuit si près de vous sans venir vous embrasser? Allons donc! Avant la nuit, perché sur la hauteur du Vermont, j'ai regardé longtemps le vieux clocher de Clos-Fontaine et les grands peupliers qui l'entourent. Ma pensée a été vers vous à tout instant; mais en ce moment j'étais près de vous tout entier. C'est là que Louise et son père m'attendent, me disais-je; peut-être savent-ils que je suis ici. Et il me semblait entendre la voix de ma chère Louise se plaignant de ma lenteur à me rendre près d'elle. Alors mes bras se sont tendus vers le vieux clocher, et j'ai cru un moment que j'avais des ailes et que j'allais prendre mon vol; mais l'erreur dura peu. Lorsque, revenu à moi, je me retrouvai à la même place, je fus désespéré. Je croyais entendre la voix de Louise; elle m'appelait toujours. Dans mon cœur, une voix répondit: Ce soir, ma Louise, ce soir je serai à Clos-Fontaine. J'ai tenu ma promesse. Votre vin est un vin de roi, père Beaudoin; je ne connais que votre cœur qui soit meilleur. A votre santé !

— A la tienne, mon garçon !

La première bouteille était vide.

— Voilà ce qui s'appelle bien boire, reprit le père Beaudoin en débouchant la seconde bouteille.

— Jacques, prenez garde de vous griser, dit doucement la jeune fille.

— Le vieux vin n'est pas dangereux, répliqua le père Beaudoin.

— Ce n'est pas deux bouteilles ni quatre qui me feraient peur, reprit Jacques dont la tête commençait à brûler. Depuis plus d'un an, j'ai bu de l'eau si souvent...

— Que tu peux bien te dédommager aujourd'hui.

— C'est cela même, père Beaudoin.

— Buvons donc, mon garçon.

— Oui, buvons !

Jacques était certainement assez fort pour ne pas craindre l'ivresse ; mais ce n'est pas seulement le vin qui grise : il est des dispositions morales et physiques qui rendent faible le plus fort ; le jeune soldat se trouvait dans cette situation. Sa tête ne tarda pas à s'alourdir, sa langue devint épaisse, embarrassée. Il essaya de se lever, mais il retomba aussitôt sur sa chaise comme paralysé.

— Oh! mon Dieu! voilà ce que je redoutais, s'écria Louise.

— C'est ma faute, disait le père Beaudoin, c'est ma faute; je n'aurais pas dû l'exciter à boire ; aussi, pouvais-je deviner ce qui arrive?

— Quoi donc? fit Jacques; vous croyez peut-être que je ne sais pas boire, père Beaudoin? Vous vous trompez. J'ai bien la tête un peu troublée, mais ce n'est rien, ce n'est rien. Je veux boire encore une fois au bonheur de Louise.

Et, d'une main mal assurée, il saisit son verre.

En ce moment, l'horloge placée à côté de la cheminée sonna lentement trois heures.

Jacques tressaillit, sa main laissa retomber le verre, et, par un mouvement brusque, il parvint à se mettre sur ses jambes.

— Au revoir, père Beaudoin ; au revoir, Louise, dit-il, je m'en vais.

Il fit quelques pas en chancelant et près de tomber. Louise s'élança près de lui pour le soutenir.

— Vous en aller maintenant, Jacques, y pensez-vous? dit-elle.

— Il faut que je retourne au camp.

— Nous ne le laisserons pas partir, n'est-ce pas, mon père? reprit la jeune fille.

— Certainement, reprit le père Beaudoin en prenant le bras de Jacques pour le ramener près de la table.

— Non, non, s'écria le soldat en se débattant, je veux m'en aller, je veux m'en aller!

— Je vous en prie, mon père, dit Louise, ne le laissez pas sortir; il mourrait en route.

— Entends-tu, Jacques, Louise veut que tu restes.

— Louise? Ah! je l'aime bien, père Beaudoin, et vous aussi je vous aime.

— Nous le savons, mon garçon; mais nous t'aimons aussi, et c'est pour cela que nous voulons te garder ici pendant quelques heures encore.

— Conduisez-le dans ma chambre, mon père, dit la jeune fille; il y pourra dormir tranquille.

— Et toi, où dormiras-tu?

— Je n'ai pas sommeil; je veillerai.

Soit qu'il n'eût plus assez de raison pour se souvenir, ou qu'il jugeât toute résistance inutile, Jacques se laissa conduire d'assez bonne grâce. Louise l'accompagna jusqu'à la porte de sa chambre, et pour faire obstacle à toute tentative de fuite, elle mit la clef en dehors; puis, quand son père fut sorti, après avoir aidé le jeune homme à se mettre sur le lit, elle fit tourner deux fois la clef dans la serrure. Cette précaution était inutile, car Jacques dormait déjà.

Le père et la fille revinrent s'asseoir près du feu dans la chambre basse pour y attendre le jour.

Vers sept heures du matin, Jacques se réveilla en sursaut, au bruit du canon qui grondait dans la plaine de Guignes. Il ouvrit les yeux démesurément, jeta dans la chambre un regard effaré, stupide, et sauta à bas du lit en poussant un cri terrible. En reconnaissant le lieu où il se trouvait, la mémoire lui était revenue, et, avec elle, la conscience de sa situation. Il courut vers la porte et recula aussitôt, terrifié, en découvrant qu'elle était fermée du dehors.

— Ah! la fenêtre! s'écria-t-il.

Il l'ouvrit avec fracas et prit son élan pour s'élancer dans la rue; mais ses bras retombèrent inertes devant les barreaux de fer qui défendaient le passage.

— Pas d'issue, mon Dieu ! pas d'issue pour sortir ! s'écria-t-il en se tordant les mains de désespoir. Mes camarades se battent, et je suis ici prisonnier !... Prisonnier et déserteur, ajouta-t-il en frissonnant. Oh ! cette porte, cette porte !...

Il appela le père Beaudoin et Louise de toutes ses forces à plusieurs reprises. Personne ne répondit.

Mais je veux sortir ! je veux sortir ! cria-t-il en bondissant comme un lion furieux.

Et il se rua sur la porte en jetant des cris d'insensé.

La porte, en bois de chêne, épaisse et solidement assise sur ses gonds, craqua dans ses jointures, mais ne s'ébranla même pas sous les coups du jeune soldat. Alors il tourna sa fureur contre la fenêtre, dont il chercha à tordre et à arracher les barreaux. Au bout de quelques minutes d'efforts impuissants, il se laissa tomber sur un siège, anéanti, le visage livide, les mains meurtries.

Le canon grondait toujours.

— Mon absence a dû être remarquée, se dit-il ; je suis perdu. Oh ! Louise, ma bien-aimée Louise, je payerai cher mon bonheur de cette nuit !... Où est-elle en ce moment ? Elle ne se doute guère du sort qui m'est réservé.

Il resta un instant silencieux, la figure cachée dans ses mains.

Mais il se leva bientôt et se mit à marcher dans la chambre, à grands pas, en proie à une agitation extrême. De temps à autre, il s'arrêtait près de la fenêtre et jetait un regard rapide dans la rue toujours déserte. C'était à croire que, pendant la nuit, les habitants avaient abandonné le village. Il n'en était rien, cependant; tous se trouvaient en ce moment dans l'église, où le curé disait des prières pour le succès des armes françaises.

Une heure s'écoula, longue et affreuse pour le malheureux soldat. Tout à coup, le canon cessa de se faire entendre, et peu après une clameur immense retentit aux oreilles de Jacques; il distingua parfaitement les cris cent fois répétés de : Vive l'Empereur! Haletant et le visage baigné de sueur, il attendit. Bientôt des pas légers se firent entendre dans l'escalier; la clef grinça dans la serrure, et Louise, toute souriante, apparut sur le seuil de la chambre.

Jacques, rapide comme une flèche, s'élança dans l'escalier en jetant ces paroles terribles à sa fiancée :

— Adieu! Louise, j'ai déserté, je vais être fusillé!

VI

La pauvre jeune fille, qui accourait si heureuse pour annoncer la victoire à son fiancé, resta sans voix, immobile et comme frappée d'un coup de foudre. Elle n'avait pas très-bien compris le sens des paroles de Jacques ; mais ces mots : « Je vais être fusillé, » avaient traversé son cœur comme un acier tranchant.

Dès le matin, à l'aube naissante, au moment où les deux armées commençaient le feu, elle avait monté doucement l'escalier et s'était assurée que Jacques dormait d'un sommeil profond ; puis elle était sortie de la maison pour se rendre à l'église, où le pasteur attendait ses paroissiens. La naïve enfant pria de toute son âme, avec ferveur, car rien ne troublait sa sérénité ; ne savait-elle pas son Jacques bien-aimé à l'abri du danger? Certes, elle était loin de se douter qu'en ce moment même le jeune soldat, l'appelant à grands cris, se tordait dans les convulsions du désespoir.

Cependant, le père Beaudoin était rentré chez lui

peu de temps après le départ précipité de Jacques; sachant sa fille dans la maison et ne la voyant pas, il l'appela. La voix de son père tira la jeune fille de sa torpeur; les derniers mots prononcés par son fiancé retentirent de nouveau à ses oreilles comme un écho sinistre; elle poussa un cri rauque, déchirant, descendit les marches de l'escalier quatre à quatre, passa comme une bombe devant son père sans même l'apercevoir, bondit hors de la maison et s'élança, affolée, à travers les rues du village. Dans sa course, son petit bonnet de mousseline se détacha et fut emporté par la bise; ses beaux cheveux blonds se dénouèrent, et, fourragés par le vent, s'enlevèrent sur son front et s'étalèrent sur ses épaules. Elle eut bientôt dépassé les dernières maisons de Clos-Fontaine; mais elle continua à courir dans la direction de Guignes.

Tout à coup, elle tomba au milieu d'un détachement de soldats qui lui barrèrent la route.

— Dites donc, la belle enfant, lui demanda un vieux militaire en se plaçant devant elle, où donc allez-vous si vite?

Louise jeta sur ces hommes, noirs de poudre, un regard craintif, effaré.

— Pauvre fille! elle est folle, dit l'un.

— Mais elle est crânement jolie, reprit un autre.

Et tous la regardèrent avec une douloureuse pitié.

— Jacques, Jacques, l'avez-vous vu? dit enfin Louise en s'adressant aux soldats.

— Jacques? répétèrent-ils tous ensemble.

— Oui, Jacques, votre camarade?

— Le déserteur? dirent plusieurs voix.

— C'est mon fiancé, reprit Louise; où est-il?

Les soldats baissèrent tristement la tête.

— Pauvre enfant! murmura un vieux grognard. Si elle savait qu'il vient d'être arrêté et que dans une heure...

Louise, anxieuse, interrogeant la physionomie des soldats, attendait une réponse. Tous restèrent silencieux. Comprenant qu'elle n'avait plus rien à espérer d'eux, elle allait s'éloigner, lorsqu'un jeune officier s'approcha d'elle vivement et lui dit :

— Vous l'aimez bien votre fiancé, n'est-ce pas?

— Oh! oui, je l'aime... Je vous en prie, monsieur, si vous savez où il se trouve, dites-le-moi.

— Venez, venez, reprit l'officier en prenant la main de Louise et en l'entraînant; à nous deux nous pourrons peut-être le sauver.

Et l'officier et la jeune fille, se tenant par la main, se mirent à courir à travers champs.

Moins d'un quart d'heure auparavant, à cinq cents mètres environ de Clos-Fontaine, Jacques avait été rencontré par un bataillon de son régiment et immédiatement arrêté. Il fut placé au milieu d'un carré de soldats qui, sous les ordres d'un lieutenant, le conduisirent dans la plaine où venait de se livrer la bataille. Pendant le trajet, Jacques n'avait prononcé qu'un seul mot : le nom de Louise.

Quelques officiers supérieurs se réunirent à la hâte, et le déserteur fut amené devant eux. Les soldats qui l'avaient escorté se rangèrent derrière lui en formant le demi-cercle.

— Votre nom? lui demanda l'officier chargé par ses collègues de présider cette commission militaire improvisée.

— Jacques, répondit le soldat d'une voix émue, mais vibrante.

— Vous avez déserté le camp pendant la nuit, à la faveur de l'obscurité?

— Oui.

— Vous savez à quelle peine est condamné le militaire qui abandonne son drapeau en présence de l'ennemi?

— A la peine de mort, répondit Jacques.

Et il poussa un profond soupir en pensant à sa fiancée.

Les officiers se rapprochèrent les uns des autres et parurent se consulter. Après un silence de quelques minutes, le président reprit d'une voix lente et grave :

— Le soldat Jacques est condamné à la peine des déserteurs. Son exécution aura lieu dans un quart d'heure.

— Louise, ma chère Louise, adieu! s'écria Jacques.

Il se mit à genoux, le visage tourné du côté de Clos-Fontaine, et adressa à Dieu sa dernière prière. Ses yeux restèrent secs; mais ses lèvres blanchies, la contraction de sa figure et les mouvements convulsifs de son corps révélaient assez l'horrible souffrance qui était en lui. Les soldats, chargés de l'affreuse mission de tuer un de leurs camarades, se tenaient, tristes et silencieux, à quelques pas du condamné. Leur chef avait tiré sa montre et comptait chaque minute qui s'écoulait. A la quatorzième, il fit signe à un soldat qui s'approcha de Jacques et lui banda les yeux. Le quart d'heure accordé au condamné était expiré.

— Portez armes! cria l'officier.

Ce commandement fut suivi du bruit de vingt fusils tombant lourdement dans les mains des soldats.

L'officier allait commander un deuxième mouvement, lorsque, soudain, un cri perçant se fit entendre. On vit alors un cavalier qui accourait à fond de train vers le lieu de l'exécution. Arrivé près des soldats, il sauta à terre et tendit un papier à l'officier en lui disant :

— Lisez.

L'officier ouvrit la dépêche et lut à haute voix ces mots :

« Grâce pleine et entière est accordée au soldat Jacques.

« Napoléon. »

— Mon capitaine, mon cher Aubry, disait Jacques d'une voix étouffée en serrant son ami sur sa poitrine, c'est donc vous qui m'avez sauvé ?

— Non, répondit le capitaine Aubry ; c'est Louise, c'est ta fiancée.

— Que dites-vous ? Louise !... s'écria Jacques.

— Oui, elle-même. Tu ne me dois rien, mon ami, et tu lui dois tout. Le ciel l'a protégée, sa douleur a fait le reste.

Le capitaine raconta à Jacques comment il avait rencontré la jeune fille sur la route de Guignes, et l'idée qui lui était subitement venue de la conduire près de l'empereur.

— Nous arrivâmes à Guignes, continua-t-il, comme Napoléon allait monter à cheval et partir pour Nangis. Louise, à qui j'avais communiqué mon idée et qui l'avait approuvée, se jeta à ses genoux en lui demandant grâce. L'empereur la pria avec bonté de s'expliquer. Alors, en quelques mots, elle lui apprit ton arrivée à Clos-Fontaine au milieu de la nuit et ce qui se passa ensuite. En l'écoutant, l'empereur avait d'abord froncé les sourcils et pris un visage sévère. Mais bientôt, touché sans doute par l'admirable beauté de la jeune fille et les larmes qui baignaient ses joues, sa physionomie se radoucit. Je compris que l'empereur était dans une heureuse disposition, à laquelle le gain de la bataille devait nécessairement contribuer ; j'osai m'approcher et lui dire : « Sire, Jacques est un bon soldat, il m'a sauvé la vie à Lutzen, et je suis convaincu qu'il n'a pas eu l'intention de déserter, mais seulement le désir de passer une heure près de sa fiancée. » L'empereur se tourna vers le maréchal Oudinot, qui se trouvait à sa droite, et lui dit :

« Nous avons besoin de tous nos braves ; faire grâce à celui-ci, c'est laisser un ennemi de plus aux soldats de l'Autriche. »

— Ta grâce signée, continua le capitaine Aubry, ta fiancée me la remit, comprenant que je pouvais seul la porter à temps ; je pris le cheval d'un officier d'état-major de mes amis et je partis ventre à terre.

— Et Louise? demanda Jacques.

— Elle m'a suivi. Regarde, ajouta Aubry en étendant la main dans la direction de Guignes.

— C'est elle! s'écria Jacques avec une explosion de joie.

Un instant après, il serrait sa fiancée dans ses bras.

— Oh! ma Louise, disait-il, je vous devais déjà tout mon bonheur, maintenant je vous dois la vie.

Et il couvrait de baisers brûlants le front pâle et les cheveux de la jeune fille.

Le capitaine, qui s'était tenu à quelque distance, les regardant avec une admiration mêlée d'envie, se rapprocha d'eux :

— Mes amis, il faut vous séparer, dit-il.

— Si tôt! fit Louise d'un ton plein de regret.

Jacques l'embrassa une dernière fois et s'éloigna.

VII

Malgré son génie, le talent de ses généraux, des victoires successives et la valeur héroïque de ses soldats, Napoléon ne put résister à la masse de ses ennemis. Tout le monde sait comment se termina la merveilleuse campagne de 1814. Le colosse tombé, la guerre cessa. Le régiment de Jacques fut envoyé pour tenir garnison dans une de nos villes de l'Ouest.

Cependant, l'empereur n'était ni oublié ni abandonné de tous; son nom magique, comme un écho sonore, faisait vibrer les cœurs. Bien des regards étaient tournés, pleins d'espoir encore, du côté de l'île d'Elbe. Un jour, une grande nouvelle traversa la France.

« Les Bourbons sont en fuite, disait-on, l'empereur est rentré à Paris ! »

C'était vrai : Napoléon avait ressaisi l'empire.

Les princes de l'Europe tremblèrent d'épouvante jusqu'au fond de leurs palais.

Tous se précipitent de nouveau vers la France

pour l'envahir une seconde fois. Napoléon appelle à lui tous ses braves, jeunes et vieux, et vole à leur rencontre. On culbute les Prussiens à Ligny, et l'on court attaquer les Anglais à Waterloo. Ce jour-là, la fatalité fut contre l'empereur; son étoile avait sombré dans l'espace. Les officiers ne firent peut-être pas tous leur devoir; mais on peut affirmer que les soldats n'eurent pas à se reprocher la perte de la bataille.

— L'empereur m'a fait grâce de la vie, pensait Jacques; je lui dois tout mon sang.

Il bondissait à travers les balles qui sifflaient à ses oreilles et se battait en désespéré. Ses camarades mouraient autour de lui.

— Vengeons-les! criait-il à ceux qui restaient debout.

Le capitaine Aubry tomba à son tour mortellement blessé.

Jacques s'élança pour le relever en poussant un rugissement de douleur.

— C'est inutile, mon cher Jacques, dit l'officier d'une voix affaiblie.

— Du courage, mon capitaine! Souvenez-vous de Lutzen.

— Songe à toi, Jacques; quant à moi, je le sens, la vie me repousse.

— Oh! ne dites pas cela... Vous vivrez.

— Non, je meurs... Mais toi, Jacques, tu vivras; tu dois vivre, car tu es aimé.

— Oh! la mort! la mort! fit Jacques sourdement.

— Écoute, reprit Aubry, la vie n'a jamais été bien heureuse pour moi; je la quitte sans beaucoup de regrets, ayant cette satisfaction que je meurs comme mon père est mort, sur un champ de bataille. Je ne suis pas riche, Jacques; cependant, veux-tu être mon héritier?

— Je veux tout ce que vous voudrez, mon capitaine.

— Mon héritage ne t'enrichira pas, mon ami. Ce que mon père m'a laissé pour toute fortune, je te le lègue aujourd'hui. Prends, Jacques, ce bonnet de police, cette croix; après avoir été le souvenir d'un père, que ces objets deviennent celui d'un ami.

Le blessé fut forcé de s'interrompre un moment; le souffle et la voix lui manquaient. Il fit un effort et ajouta d'une voix lente, à peine distincte :

— Pense à moi... quelquefois. Adieu... sois heureux!

Et de sa poitrine gonflée s'échappa son dernier soupir.

— Mort! il est mort! s'écria Jacques en prenant

les mains déjà froides d'Aubry et les serrant dans les siennes.

De grosses larmes jaillirent de ses yeux, et il s'en alla en sanglotant.

Peu de temps après, l'armée, qui, menaçante encore, s'était retranchée sur la rive gauche de la Loire, fut licenciée, et les soldats posèrent leurs armes.

Napoléon, prisonnier des Anglais, était conduit à Sainte-Hélène.

Jacques revint à Clos-Fontaine. Son retour ramena la gaieté dans la maison du père Beaudoin.

Un soir, le vieillard prit la main de sa fille et la plaça dans celle de Jacques.

— Mes enfants, leur dit-il, depuis quelques années je vieillis vite : la mort peut venir d'un moment à l'autre, et je veux, avant de m'en aller, que Jacques soit mon fils. Si nous songions à votre mariage?

— Je ne pense qu'à cela depuis mon retour, dit le jeune homme.

Louise se jeta au cou de son père et l'embrassa. Ce fut sa réponse.

VIII

Jacques était connu comme un bon travailleur ; il n'eut qu'à s'offrir pour trouver de l'ouvrage. Le père Beaudoin, dont la vue était devenue très-faible et les doigts inhabiles à fendre ou à tordre l'osier, ne travaillait plus beaucoup. Il avait été obligé d'abandonner les petits objets de fantaisie pour en façonner d'autres plus communs et beaucoup moins payés. Pourtant, ses petites journées, grossies par le gain de Jacques, amenèrent autour de Louise une modeste aisance. On s'aimait, on avait confiance dans l'avenir : on était heureux.

Mais il est difficile de garder longtemps le bonheur près de soi ; le moindre chagrin l'effraye, et il disparait. Louise et son mari allaient avoir à supporter encore une dernière et terrible épreuve.

Dans les derniers jours de décembre, le père Beaudoin mourut. On aurait pu dire qu'il n'avait voulu que voir le mariage de sa fille avant de quitter la vie. Jacques resta quelques jours près de sa femme, pour la consoler un peu et prendre une part de sa douleur; il avait demandé ces quelques jours de repos au fermier chez lequel il travaillait.

Quand il se présenta pour reprendre son ouvrage, il trouva un autre garçon à sa place, et il lui fut répondu qu'on ne pouvait plus l'employer. Jacques, affligé autant que surpris par ce mauvais procédé, alla s'offrir dans d'autres maisons. Partout l'ouvrage lui fut refusé.

— Qu'est-ce que cela veut dire? se demanda Jacques. Est-ce que je ne sais plus travailler? Ou bien... Je ne devine pas ce qu'on peut avoir contre moi; je veux le savoir, je le saurai.

Il retourna chez son ancien maître et lui demanda une franche explication.

— Mon cher Jacques, répondit le fermier, j'ai toujours été content de toi comme de ton travail; je dirai même que je t'estime particulièrement, mais je ne puis te garder chez moi sans risquer de me compromettre.

— De vous compromettre! fit Jacques abasourdi.

— Tu aimes trop l'empereur, reprit le fermier.

Jacques se redressa brusquement, et un double éclair jaillit de ses yeux.

— Crois bien, Jacques, s'empressa d'ajouter le fermier, que loin de te blâmer, je dis, au contraire, que tu as raison ; mais tout le monde ne pense pas comme moi. Pour plaire à ceux qui sont revenus, il faut qu'on insulte le nom de l'autre. Toi, tu l'as défendu énergiquement dans plusieurs circonstances, ce qui a attiré l'attention sur toi. Tu es signalé comme un bonapartiste incorrigible, un révolutionnaire. On dit même, continua le fermier en baissant la voix, que tu fais partie d'une société secrète dont le but est de rétablir l'empire.

— Merci, dit Jacques avec un sourire amer, merci de m'avoir éclairé.

Il quitta le fermier et rentra chez lui triste, découragé, pour tout raconter à sa femme. Quand il eut fini, Louise lui prit la main, la serra tendrement et lui dit :

— Espérons, Jacques ; le ciel ne nous abandonnera pas.

Dans les dernières années de sa vie, le père Beaudoin avait fait des dettes ; lorsque l'époque des remboursements arriva, Jacques ne put remplir les engagements de son beau-père. Les huissiers se présentèrent et mirent la main sur l'héritage de Louise. La maison, le jardin, un pré et quelques sillons furent vendus à vil prix. Les créanciers et les gens de loi satisfaits, quelques centaines de francs restèrent aux jeunes gens.

Forcés de quitter la maison, dont l'acquéreur voulait prendre possession, Jacques et Louise tournèrent leurs regards vers Paris. On fit les paquets le soir, et le lendemain, dès le matin, on se mit en route. Jacques descendit dans un petit hôtel de la rue Saint-Denis, où, moyennant quinze francs par mois, on lui donna une chambre fort laide; c'était la plus jolie de la maison.

Au bout de quelques jours, Jacques trouva une place de garçon de magasin. De son côté, Louise obtint de l'ouvrage d'une lingère à qui la maîtresse de l'hôtel la recommanda.

Tout semblait s'arranger assez bien pour l'avenir du jeune ménage, et, sans le souvenir du village, où Jacques et sa femme retournaient trop souvent par la pensée, ils auraient pu se croire heureux.

Un an se passa ainsi; on n'avait pas fait d'économies, mais on avait pu vivre.

Un jour que, chargé d'un énorme ballot de marchandises, Jacques traversait une rue, il fut heurté violemment par la roue d'un camion et renversé à demi évanoui sur le pavé. Quelques passants s'empressèrent de le relever, mais il ne put faire un pas : il s'était fracturé la jambe. On le plaça sur un brancard, et deux ouvriers s'offrirent spontanément pour le transporter à son domicile.

Je renonce à vous peindre la douleur de Louise lorsqu'on lui ramena son mari dans ce déplorable état; pendant plusieurs jours, elle fut presque folle. Mais les soins que réclamait le blessé lui rendirent bientôt toute son énergie, toute sa volonté.

La maladie de Jacques fut très-longue. Il resta alité pendant plus de trois mois; mais bien souvent il oublia d'atroces souffrances en sentant les lèvres de sa femme s'appuyer sur son front brûlant de fièvre, en la voyant silencieuse, attentive, passer des heures entières à son chevet. Louise, qui avait été habituée, près de son père, à une vie facile et aisée, dut s'imposer de dures privations. Pour gagner quelques sous de plus par jour, elle doubla les heures de son travail; cependant, les ressources du ménage s'épuisaient vite, et presque chaque jour la pauvre jeune femme se demandait avec angoisse :

— Comment Jacques mangera-t-il demain?

Tout ce qui n'était pas d'une nécessité absolue avait été vendu ou engagé. Heureusement encore que le médecin ne se pressait pas de présenter la note de ses honoraires. Peu à peu, la santé de Louise s'appauvrissait; les roses de ses joues se fanèrent, et Jacques ne remarqua pas sans douleur qu'elle maigrissait à vue d'œil. Un jour, l'ouvrage manqua chez la lingère. Louise toucha cinq francs pour celui qu'elle rapportait, et s'en retourna en pleurant. Cette faible somme dura trois jours ; trois jours, car Louise, à l'insu de Jacques, sut se contenter d'un morceau de pain trempé dans un verre d'eau. Le quatrième jour, l'hôtesse, qui s'intéressait au jeune ménage, apporta à Jacques un bouillon chaud et une tranche de bœuf bouilli. Ce jour-là, Louise ne mangea pas.

Le lendemain, Jacques s'aperçut que la pauvre femme se cachait de lui pour pleurer. Il l'appela doucement.

— Pourquoi pleures-tu ? lui demanda-t-il.

— Jacques, mon cher Jacques ! s'écria-t-elle en sanglotant, depuis quatre jours je n'ai plus d'ouvrage, et nos derniers sous sont dépensés.

— Cela ne pouvait manquer d'arriver, murmura le blessé en se couvrant la figure de ses mains. Ma pauvre Louise, ajouta-t-il d'une voix étouffée, je voulais pourtant te rendre heureuse !...

— Je ne suis pas malheureuse, Jacques, et si tu ne manquais pas de tout...

— Moi, toujours moi, et pas une pensée pour elle !... Voyons, Louise, nous n'avons plus rien à vendre ?

— Plus rien, répondit la jeune femme en laissant tomber sa tête sur son sein.

A cet instant, une voix nasillarde se fit entendre dans la rue, dominant tous les autres cris et le bruit des voitures.

— Vieux habits, vieux galons ! criait la voix en traînant sur chaque mot.

Louise releva vivement la tête.

— Jacques, dit-elle, là, dans la commode.

— Eh bien ?

— Le bonnet de police.

— Le bonnet de police ! Que veux-tu dire ?

— Nous pouvons le vendre.

— Le vendre ? Jamais ! s'écria Jacques.

— Tu as raison, reprit la jeune femme avec tristesse ; cependant...

— Quoi ?

— Sa valeur réelle pour toi n'est pas dans les galons qui l'entourent ?

— C'est vrai, fit Jacques.

— Veux-tu que j'appelle le marchand ?

La voix de la rue cria encore :

— Vieux habits, vieux galons !

— Appelle-le, dit Jacques.

Louise courut à la fenêtre, se pencha sur la rue et fit un signe à l'industriel. Un instant après, il entrait dans la chambre.

— Combien nous donnerez-vous de ces galons ?

demanda Louise en lui présentant le bonnet de police.

— Six livres ! répondit le marchand après s'être bien assuré de leur valeur.

Et il fit disparaître le bonnet de police dans un sac.

— Les galons seulement! cria Jacques en se dressant sur son lit.

— Je ne savais pas que vous teniez à l'étoffe! dit le marchand avec ironie.

Il retira le bonnet de police du sac et le remit à Louise en disant :

— Décousez ; c'est toujours six livres.

La jeune femme s'arma d'une paire de ciseaux et se mit à couper les fils. Dans sa précipitation, elle fit une large déchirure dans la doublure du bonnet; des papiers s'en échappèrent et glissèrent sur le carreau. Le marchand, qui suivait des yeux le travail de Louise, jeta un cri de surprise et se baissa vivement pour ramasser les papiers.

— Des billets de banque! fit-il.

Jacques bondit sur son lit, Louise laissa tomber le bonnet de police.

— De bons et beaux billets de mille francs ! reprit le marchand. Ce bonnet de police en est bourré.

Il s'assit sur son sac et se mit à compter : un, deux, trois... jusqu'à trente-cinq, en jetant les billets, l'un après l'autre, dans le tablier de Louise.

Ni elle, ni Jacques n'avaient encore pu dire un mot.

Le marchand se retira sans songer à emporter les galons, et alla dire dans la maison ce qui venait d'arriver. Dans la journée, Jacques dut raconter au moins vingt fois l'histoire du bonnet de police.

Peu de jours après, il commença à marcher en s'appuyant sur Louise; au bout d'un mois, la guérison était complète.

— Jacques, que vas-tu faire de ta fortune? lui demanda Louise un jour.

— Je suis né laboureur, répondit Jacques, nous retournerons à Clos-Fontaine; j'y ferai bâtir une ferme, j'achèterai des terres, et nous les cultiverons ensemble.

Six mois après, Jacques, courbé sur sa charrue, préparait ses nombreux sillons pour y semer du blé.

— Jacques est un riche propriétaire, disait-on déjà.

La ferme prospéra, grâce à Dieu et au travail; chaque année la vit s'enrichir. En moins de dix ans, Jacques doubla son premier capital. Il eut alors la pensée de laisser la charrue pour se reposer et vivre de ses rentes, comme on dit. Il le pouvait; mais en 1828, Louise lui donna enfin son premier et unique enfant.

— Jusqu'à ce jour j'ai travaillé pour moi, se dit Jacques ; maintenant je vais travailler pour mon fils.

Et il travailla, en effet, jusqu'au jour où l'enfant, devenu grand et fort, lui dit :

— Reposez-vous, mon père, je peux vous remplacer.

Le vieux soldat cessa de parler, et regarda tour à tour sa femme, son fils et moi en souriant.

— Vous ne me demandez pas ce que Jacques et Louise sont devenus? me dit-il au bout d'un instant.

— Je vois qu'ils sont toujours heureux, répondis-je.

— Vous auriez pu ajouter : Et qu'ils s'aiment comme au temps de leur jeunesse. N'est-ce pas, ma Louise?

NOUVELLE LUNE

NOUVELLE LUNE

M. Gustave de Grivelle et sa femme achevaient de déjeuner. Après avoir servi le café et jeté un coup d'œil sur la table afin de s'assurer que rien n'y manquait, le valet de chambre venait de se retirer.

On était à la fin du mois d'avril; les fenêtres de la salle à manger, restées ouvertes, laissaient pénétrer à l'intérieur les parfums des premières fleurs. Un rayon de soleil se faufilait sournoisement dans le jardin parmi les branches des lilas et des seringas, et faisait ressembler chaque bourgeon vert à un bouquet de topazes. En même temps, une brise indiscrète s'égarait dans la salle à manger et s'amusait à badiner avec quelques cheveux fins sur le front et le cou de madame de Grivelle.

Le repas avait été silencieux, presque triste. Le mari s'était vite aperçu que sa jeune femme, rêveuse et distraite, s'occupait beaucoup d'une idée qui germait dans sa tête et fort peu de lui. Il aurait bien voulu se montrer jaloux ; mais de quoi ? d'une idée, d'un caprice peut-être !... Il pensa avec raison qu'il n'avait d'autre droit que celui de s'étonner d'une chose tout à fait anormale.

Par quelques fines plaisanteries, affectueuses toujours, il essaya bien à diverses reprises d'amener un sourire sur les lèvres de sa femme ; mais elle resta insensible à ses avances. C'est à peine si elle jeta sur lui, à la dérobée, un ou deux regards sans éclat.

— Ma chère amie, veux-tu me permettre de sucrer ton café ? dit M. de Grivelle de sa voix la plus harmonieuse.

— Si vous le voulez, répondit la jeune femme.

— Quel ton solennel !... Vous êtes bien triste ce matin, seriez-vous malade ?

— Non.

— Alors vous êtes contrariée ?

— Pas davantage.

— Je veux bien le croire : convenez cependant que vous me montrez un visage peu gracieux, reprit M. de Grivelle en souriant.

La jeune femme baissa un peu plus les yeux et ne répondit point.

— Vous me boudez, cela est clair, reprit le mari, et, comme vous n'êtes pas femme à agir sans raison, je me demande quand et comment j'ai pu vous déplaire. Voyons, dites, suis-je donc bien coupable ?

Ces paroles restèrent encore sans réponse.

M. de Grivelle ne put contenir un léger mouvement de dépit ; mais il reprit bientôt avec son meilleur sourire :

— Voulez-vous faire une promenade au bois ? je vais donner l'ordre d'atteler.

— Non, merci.

— Tamberlick chante ce soir, désirez-vous une loge aux Italiens ?

— L'opéra m'ennuie.

— Je vous conduirai à la Comédie-Française, on donne *le Duc Job.*

— J'ai vu cette pièce déjà trois fois.

— Vous préféreriez peut-être le spectacle en plein air de maître Guignol, reprit M. de Grivelle d'un ton moitié railleur, moitié sérieux. Du reste, ajouta-t-il malicieusement, les enfants s'amusent aux farces de Polichinelle et d'Arlequin.

La jeune femme se hasarda à regarder son mari,

croyant sans doute lui voir un visage mécontent.

— Enfin, s'écria M. de Grivelle, vous daignez me montrer vos beaux yeux. C'est une faveur dont je vous tiendrai compte, ma chère Julie, car en la faisant rare vous me la rendez précieuse.

Un sourire à peine marqué glissa sur les lèvres de la jeune femme. Elle se leva et passa dans un petit salon où son mari la suivit. Elle prit un livre, s'assit sur une causeuse, et sembla lire avec attention tout en chiffonnant le ruban de sa ceinture, ce qui est toujours l'indice d'une préoccupation sérieuse chez la femme.

Quant à M. de Grivelle, il fit deux ou trois fois le tour du salon, se mit à la fenêtre, regarda un nuage blanc courir dans le ciel bleu, roula une cigarette qu'il oublia d'allumer, et finit par s'asseoir en face de sa femme, un journal dans les mains.

— Est-ce que vous n'avez personne à voir aujourd'hui? demanda au bout d'un instant madame de Grivelle.

— Ce qui signifie que vous me renvoyez.

— Du tout ; mais...

— Mais vous ne seriez pas fâchée que je m'en allasse, dit M. de Grivelle en se levant. J'aurais dû comprendre plus tôt que ma présence vous est désagréable.

Cette fois, la patience du mari était à bout; il ne riait plus.

— La plupart des femmes que je connais, se dit-il quand il fut sorti du salon, ont à leur service des migraines ou des nerfs pour faire enrager leurs maris; la mienne aura des caprices, ce qui ne vaut assurément pas mieux. Mais, puisqu'il faut en passer par là, on s'y fera. Je lui ferai lire la comédie de ce pauvre Alfred de Musset, qui, lui aussi, n'a pas toujours eu à se louer des femmes.

Il fit seller un de ses beaux chevaux anglais pur sang, sortit de son hôtel situé — nous ne l'avons pas encore dit — rue d'Angoulême-Saint-Honoré, gagna les Champs-Élysées et en monta au petit trot la large avenue.

M. Gustave de Grivelle n'était pas le cavalier le moins remarquable qu'on pût rencontrer sur le chemin du bois; les dames de sa connaissance lui souriaient comme à un homme dont on aime à attirer les regards.

— Vraiment, le bonheur lui va bien, dit ce jour-là la comtesse de Fresne; j'ai rarement vu un homme de trente-cinq ans avec l'air plus jeune et être plus aimable que lui. On dit que sa femme l'adore et que la belle barbe noire de M. de Grivelle a été pour quelque chose dans ce mariage d'amour. Je ne sais jusqu'à quel point on peut aimer une barbe, ajouta la comtesse en riant, mais **M.** de Grivelle pourrait être encore fort bien sans cela.

Arrivé au rond-point de l'Étoile, **M.** de Grivelle descendit au galop l'avenue de Neuilly jusqu'à la porte Maillot. Pourquoi prit-il cette route si peu fréquentée maintenant? En voyant le nuage qui obscurcissait son front, on aurait compris qu'il cherchait à s'isoler. En ce moment, **M.** de Grivelle ne tenait pas le moins du monde à justifier la bonne opinion que la comtesse de Fresne avait de lui; la façon dont sa femme l'avait traité le matin l'occupait beaucoup plus qu'il ne l'aurait voulu; il mettait son esprit à la torture pour découvrir la cause de ce changement aussi étrange qu'imprévu.

— Décidément, se dit-il, j'aurais plus vite fait de déchiffrer les hiéroglyphes de toutes les pierres de Louqsor que de comprendre ma femme. Oh! les femmes... elles se ressemblent toutes : on croit en posséder une tout entière, qu'on la tient à peine par le bout du doigt. En elles se trouve la seule énigme dont le mot ne sera jamais connu. Je voudrais bien qu'on m'en montrât une dont le cœur ait été occupé, pendant une heure seulement, exclusivement par un seul homme.

M. de Grivelle avait laissé à son cheval le soin

de le conduire, et, comme s'il eût deviné la pensée de son maître, l'animal avait pris l'allée la plus déserte du bois.

— Cependant, reprit le jeune homme, il y a quelques jours, elle semblait être heureuse : elle riait, son regard cherchait le mien, elle me parlait, me voulait toujours près d'elle. Pour qu'elle soit aujourd'hui toute différente, il faut bien qu'il y ait une raison. Aurait-elle curieusement fouillé dans dans mon passé ? — Les femmes sont jalouses, même de ce qui est mort. — Mais je ne me suis pas marié avec la réputation d'un *Saint-Antoine*, il est donc inutile de supposer... Quelle pensée ! Mais non, c'est impossible ! Elle n'a jamais quitté sa mère, avant de me connaître elle n'a pu aimer un autre homme. D'ailleurs, on ne l'a pas contrainte à m'épouser, au contraire. Tout cela ne manque pas de logique, mais c'est avec de semblables raisons qu'un mari se bouche les yeux lui-même. Grâce à un peu de vanité — et les hommes en ont tous — nous sommes trop disposés à croire que l'on nous aime, tandis que souvent... tous les malheurs sont à redouter; l'homme devient sans le savoir le complice de sa femme et l'aide stupidement à le tromper.

Jusqu'à ce jour, j'ai pu croire que ma femme

m'avait épousé par amour; s'il n'en était rien? On a vu des jeunes filles se marier pour échapper à l'ennui, d'autres pour porter de riches toilettes, des diamants, beaucoup par curiosité et d'autres encore par dépit, par vengeance. Exemple, mademoiselle *** a rencontré au bal de madame X..., un Jules ou un Arthur quelconque, avec lequel elle a dansé deux ou trois fois dans la soirée. Jules ou Arthur se sera extasié sur la beauté, la grâce, la taille élégante, la légèreté de sa danseuse, et l'aura fait comprendre par quelques mots dits bien bas d'une voix émue. Ces paroles banales sont tombées dans un cœur jeune et naïf qui les gardera longtemps. Hier encore, ce cœur épelait fort mal le mot aimer; aujourd'hui, il le lit couramment. Mademoiselle n'oublie pas son beau danseur : le jour elle pense à lui, la nuit elle le voit dans ses rêves et lui sourit. C'est un petit jeune homme insignifiant, n'importe; elle lui trouve des qualités qu'il n'aura jamais, elle le crée pour elle, en fait le héros d'un roman ridicule dont elle est l'héroïne ; il est fort, brave, spirituel ; il réunit toutes les supériorités, et elle lui pose sur le front l'auréole du génie. Pendant ce temps, le héros, qui ne se souvient pas plus du nom que du visage de sa jolie danseuse, est à Bade, à Ems ou à Hombourg. D'abord mademoiselle s'étonne de ne point le revoir, elle l'attend. Trois mois, six mois se passent; il n'est pas revenu. On devient triste, on verse quelques larmes; le héros n'est qu'un ingrat, on se vengera de son indifférence. Sur ces entrefaites, un parti se présente et l'on se marie par dépit. Mais l'hiver revient, M. Arthur aussi ; comme l'année précédente, on se rencontre dans une soirée, etc...

M. de Grivelle s'interrompit tout à coup, son visage était devenu très-pâle, une griffe de fer semblait lui serrer le cœur. Par un bizarre caprice de la pensée, il venait de mettre sa femme à la place de mademoiselle... et de s'imaginer que M. Arthur devait être un jeune homme attaché d'ambassade avec qui elle avait dansé quelques jours auparavant.

Il arrêta si brusquement son cheval, que la bête étonnée recula de quatre pas en pliant sur ses jarrets. Deux coups d'éperon la relevèrent; elle bondit en avant et s'élança ventre à terre dans la direction de Paris.

Dix minutes plus tard, M. de Grivelle rentrait dans la cour de son hôtel ; il sauta à terre, jeta la bride du cheval dans les mains d'un domestique et se dirigea vers les appartements de sa femme. La femme de chambre se trouva sur son passage.

— Madame vous a-t-elle dit à quelle heure elle rentrerait? lui demanda-t-il.

— Mais, monsieur, madame n'est pas sortie.

— Elle n'est pas sortie !... répéta M. de Grivelle qui s'était mis dans la tête le contraire. C'est juste, reprit-il aussitôt, madame ne devait pas sortir, car elle attendait une visite. La personne est-elle venue?

— Madame n'a reçu personne aujourd'hui.

— Vous en êtes sûre? insista M. de Grivelle en regardant fixement la camériste.

— Je n'ai pas quitté l'antichambre.

S'il l'eût osé, M. de Grivelle aurait embrassé la femme de chambre pour le bien que ses réponses lui avaient fait.

— J'ai eu un accès de jalousie, se dit-il, mais le voilà passé, n'y pensons plus.

Sa physionomie changea subitement : de sombre, elle devint souriante, et il prit son air le plus gracieux pour entrer chez sa femme.

Madame de Grivelle était à demi couchée sur la causeuse où son mari l'avait laissée; la même tristesse vague était répandue sur ses traits et elle tenait encore dans sa main le même livre : il est vrai que depuis une heure il était ouvert aux mêmes pages.

L'entrée de M. de Grivelle tira la jeune femme de sa rêverie.

— Déjà... dit-elle, sans paraître ni satisfaite ni contrariée.

Ce seul mot retomba sur le cœur du mari comme un énorme glaçon.

— Vous me faites là un étrange accueil, répondit-il sèchement; du reste, rien ne doit plus me surprendre de votre part, et, puisque la solitude vous est devenue si chère, restez donc seule.

Et, pour ne point laisser éclater la colère qui, depuis le matin grondait sourdement dans sa tête, il sortit en fermant violemment la porte sur lui.

— Il y a pourtant des imbéciles qui osent affirmer que la lune de miel dure des années entières, quelquefois toujours, se dit-il en marchant à grands pas dans sa chambre. Voilà quatre mois à peine que je suis marié, et une nouvelle lune commence; si dès le premier quartier les premiers nuages s'amoncellent, avant le dernier la tempête éclatera. La lune de miel!... ah! ah! ah! continua-t-il avec un rire amer, je voudrais bien connaître le nom du misérable fou qui a eu l'idée de désigner ainsi les premiers temps du mariage. Maintenant, qu'on vienne blâmer devant moi ces mariages qu'on appelle d'intérêt ou de convenance au profit de ceux qui se font par amour, je saurai quoi répondre. Le mariage ne doit être qu'une affaire, un marché dans lequel le plus fin trompe le moins adroit.

Le soir, M. de Grivelle se fit servir à dîner dans sa chambre et mangea seul.

Une nouvelle lune commençait réellement.

Le lendemain, sa femme lui fit dire qu'elle l'attendait pour déjeuner ; il s'empressa de la rejoindre. Elle fut pour lui presque affectueuse; elle essaya même de lui sourire. Peut-être voulait-elle faire oublier sa conduite singulière de la veille? C'est ce que pensa M. de Grivelle, car il vit bien qu'elle continuait à être songeuse, embarrassée en sa présence. Une pensée intime s'agitait en elle. Pour la connaître, M. de Grivelle aurait donné beaucoup ; mais comment découvrir un secret que cache un cœur dont on ne se croit pas complétement le maitre?...

— Attendons, se dit le mari, nous verrons ce qui arrivera.

La semaine s'écoula. La situation était toujours la même : M. de Grivelle veillait sur sa femme comme l'avare sur ses sacs d'argent; la jeune femme rêvait de plus belle. Parfois elle attachait sur son mari un long regard aux lueurs étranges et comme plein de convoitise.

— Elle a une singulière façon de me regarder, pensa M. de Grivelle après avoir surpris deux ou trois fois les yeux de sa femme fixés sur lui. Que diable peut-elle trouver de si extraordinaire dans ma figure pour l'examiner ainsi? Je n'y vois rien de changé.

Un jour il se hasarda à adresser cette question à madame de Grivelle :

— Ma chère amie, depuis quelque temps vos yeux deviennent presque farouches quand vous me regardez ; voyons, je vous suis donc devenu bien odieux ?

— Pourquoi pensez-vous cela? s'écria la jeune femme en couvrant son visage de ses mains.

Et elle fondit en larmes.

M. de Grivelle employa les mots les plus tendres pour la consoler. Il y réussit en lui demandant pardon et en lui assurant qu'il n'avait jamais douté d'elle.

A partir de ce moment, la jeune femme regarda un peu moins son mari ; mais son regard était un peu plus farouche.

M. de Grivelle finit par conclure que sa femme avait au cœur un mal secret ou qu'elle ne l'aimait plus. Il se décida à aller trouver sa belle-mère et à lui tout raconter.

La vieille dame l'écouta, s'étonna avec lui, et promit de voir Julie dès le lendemain. Elle déjeuna entre son gendre et sa fille, et parla un peu de tout en observant la jeune femme.

Après le déjeuner, M. de Grivelle prétexta une affaire et sortit.

La mère se rapprocha de sa fille, prit ses deux mains dans les siennes, et, d'une voix habituée depuis longtemps à parler avec tendresse :

— Tu as laissé passer huit jours sans venir me voir, aurais-tu été souffrante? demanda-t-elle.

— Mais non, ma mère.

— Pourtant, je te trouve un peu maigrie. Tu t'ennuies peut-être?

— Vous vous trompez, chère mère.

— Tant mieux, mon enfant; du reste, les distractions ne peuvent te manquer, et je ne doute pas que M. de Grivelle ne se fasse un plaisir de t'en procurer.

— Mon mari ne m'a jamais rien refusé.

— Il t'aime, c'est tout dire. Et puis tu n'es pas très-exigeante?

— Quant à cela, ma mère, vous pourriez bien vous tromper, dit la jeune femme en souriant.

— Enfin, tu es contente?

— Très-contente, ma mère.

— Et tu ne désires rien?

— Rien. Du moins, pour le présent.

— Ainsi ton mari ne t'a jamais donné le droit de te plaindre de lui?

— Au contraire. Il est toujours bon, affectueux, dévoué et plein d'attentions délicates et charmantes.

— En un mot il te traite en enfant gâtée.

— Je le crois. Après tout, il ne fait que continuer votre œuvre, dit madame de Grivelle en embrassant sa mère au front.

— Les mères sont souvent trop faibles pour leurs enfants, mais comme elles les aiment!

— J'ai le bonheur d'en savoir quelque chose.

— Flatteuse et toujours gâtée.

— Bonne et toujours trop faible.

— C'est vrai. M. de Grivelle, dis-tu, est affectueux, dévoué, charmant pour toi; c'est bien. Crois-tu qu'il puisse dire de toi la même chose?

— Je le pense, ma mère.

— Tu n'as rien à te reprocher à son égard?

— Pourquoi me faites-vous ces questions? Est-ce que mon mari...

— M. de Grivelle s'est imaginé, à tort ou à raison, que tu l'aimais moins.

— Il croit cela! Mais il se trompe, ma mère, il se trompe! s'écria la jeune femme avec des larmes dans la voix.

— Ma chère enfant, j'en suis persuadée, et si je n'avais pas en M. de Grivelle une confiance entière, je penserais qu'il a l'esprit un peu malade. Voyons, n'avez-vous pas eu ensemble une petite querelle?

— Oui, il y a plusieurs jours; mais depuis...

— Le ciel de votre amour ne s'est plus obscurci.

— Je m'efforce de plaire à mon mari. Si vous saviez comme un rien le contrarie... Près de lui, il faut rire et parler sans cesse, sans quoi il n'est pas content. Il est vrai que son mécontentement dure peu : un regard affectueux, un mot de tendresse suffit pour le dissiper.

— Cependant, depuis quelques jours il est malheureux, inquiet, tu dois bien t'en être aperçue.

— Si je croyais que cette inquiétude fût sérieuse, cela me ferait de la peine; M. de Grivelle aura fait un mauvais rêve, je serais bien maladroite si je ne parvenais pas à le lui persuader.

— Allons, je vois que tout ira bien, dit la mère en souriant.

Elle embrassa la jeune femme et la quitta en lui renouvelant quelques conseils.

Elle trouva chez elle, en rentrant, son gendre qui l'attendait avec impatience.

— M. de Grivelle, lui dit-elle avec une nuance d'ironie, vous n'êtes qu'un grand enfant; vous vous plaignez, je ne sais de quoi en vérité, à moins que ce ne soit d'avoir une femme charmante qui vous adore.

— Mais, madame...

— Votre tête forge des chimères, M. de Grivelle; j'ai causé longuement avec ma fille, — vous m'accordez, n'est-ce pas, que je la connais aussi bien que vous? — Eh bien, je l'ai trouvée telle que je l'ai toujours vue; elle n'a seulement pas compris ce que je voulais lui dire.

— Elle a su vous cacher son secret, voilà tout, dit M. de Grivelle peu convaincu.

— Est-ce qu'une fille a des secrets pour sa mère?

— Permettez-moi de le croire, madame.

— Je sais comment j'ai élevé Julie, monsieur, elle n'en a jamais eu et n'en aura jamais pour moi.

— En ce cas, madame, je me suis grossièrement trompé, et je n'ai plus qu'à rire de ma sottise, dit amèrement M. de Grivelle.

— Et à vous laisser aimer tranquillement, mon cher gendre.

— O Georges Dandin, Georges Dandin! grommela M. de Grivelle après avoir pris congé de sa belle-mère.

Pendant près de deux heures il promena sa mauvaise humeur et ses tristes réflexions à travers les rues, et ne se décida à rentrer chez lui qu'au moment du dîner. Il s'attendait à une avalanche de reproches, à des plaintes de toutes sortes ; rien de tout cela n'arriva. La jeune femme affecta une grande gaieté et se fit gracieuse avec intention.

— C'est de plus en plus incompréhensible, pensait M. de Grivelle ; décidément, nous jouons ici un acte du Gymnase.

Il sortit dans la soirée et alla à son cercle, où on ne le voyait presque plus ; il y resta jusqu'à une heure du matin. Il rentra pour se coucher, et à neuf heures il dormait encore.

Madame de Grivelle était levée depuis longtemps. Elle avait mis son négligé du matin le plus coquet : un peignoir de mousseline garni de valenciennes et bouillonné avec des rubans lilas ; ce peignoir s'entr'ouvrait sur sa poitrine, dont la blancheur ressortait à travers les dentelles. Elle n'avait pas sonné sa femme de chambre et s'était coiffée elle-même avec une coquetterie exquise ; elle avait un petit air de fierté et de résolution qui lui allait fort bien. Sa main mignonne tenait une énorme paire de ciseaux.

Elle sortit de sa chambre sans bruit, traversa un cabinet de toilette en posant à peine ses pieds légers sur le tapis, et écouta un instant à une porte qu'elle ouvrit ensuite doucement. Elle était dans la chambre de son mari.

Elle s'approcha du lit et considéra pendant quelques secondes la belle figure de M. de Grivelle endormi ; la main qui tenait les ciseaux se mit à trembler très-fort ; mais l'instrument s'avançait vers le visage du dormeur, ouvert et menaçant. Quand il se referma, une partie de la barbe du pauvre mari tomba sur l'oreiller.

M. de Grivelle ouvrit les yeux, porta vivement la main à sa joue et arrêta sur sa femme un regard moitié irrité, moitié stupéfait.

Les ciseaux s'échappèrent des mains de la jeune femme, qui, presque aussitôt, éclata en sanglots. Elle jeta ses bras autour du cou de son mari et lui dit en l'embrassant :

— Pardonne-moi, mon ami, pardonne-moi, mais, depuis huit jours, le désir de couper ta barbe ne m'a pas quittée un instant.

— Est-ce possible ? s'écria M. de Grivelle ; et c'est pour cela que tu étais si triste, si préoccupée !... Ma chère Julie, pourquoi ne me l'avoir pas dit plus tôt ?

— Je savais combien tu y tenais ; et puis je trouvais cette singulière envie si ridicule, que je n'ai pas osé.

En ce moment la mère de madame de Grivelle se montra sur le seuil de la chambre et surprit les jeunes gens dans les bras l'un de l'autre.

— Eh bien, monsieur mon gendre, dit-elle, n'avais-je pas raison hier?

— Peut-être, chère mère, répondit M. de Grivelle.

Il ramassa une poignée de sa barbe, et, la montrant à sa belle-mère :

— Une jeune fille peut avoir des secrets pour sa mère, dit-il, voilà le secret de Julie.

La vieille dame regarda tour à tour sa fille et son gendre, puis elle partit d'un joyeux éclat de rire.

— Monsieur de Grivelle, reprit-elle, le secret de Julie a besoin de vous être expliqué. Préparez-vous à acheter une layette et un berceau.

LES DIAMANTS DE FAMILLE

LES DIAMANTS DE FAMILLE

I

Il était neuf heures du soir. Le chevalier de Florens, retiré dans son appartement, se livrait aux charmes d'une douce rêverie. Les pensées qu'il caressait devaient être bien calmes et bien agréables pour lui, car son visage, généralement grave et austère, paraissait en ce moment rayonnant de bonheur. Sur ses lèvres glissait par instants un léger sourire de satisfaction. Dans une pièce voisine, une main habile et délicate courait avec agilité sur les touches d'un clavecin, et envoyait au vieux chevalier une série de notes et d'accords qui semblaient vouloir le bercer pour l'endormir doucement.

Ceci se passait en 1789, à quelques kilomètres de Blois, au vieux château d'Avroncelles.

Comme le chevalier cédait peu à peu à l'enivrement de la musique et allait, sans aucun doute, poursuivre sa rêverie dans le sommeil, la porte de sa chambre s'ouvrit brusquement derrière lui. Le vieillard tressaillit et se redressa vivement. Son front s'était assombri, et ses sourcils, épais et grisonnants, en se rapprochant des yeux jusqu'à en couvrir à demi le globe, donnèrent à sa physionomie une expression menaçante. Le visiteur inattendu s'était arrêté entre les deux chambranles de la porte, interdit et tremblant, n'osant faire un pas.

— Eh bien, dit le chevalier d'un ton sévère, qu'y a-t-il? Pourquoi venez-vous me déranger à cette heure? Vous savez bien, Thomas, qu'une fois rentré chez moi, j'aime à être tranquille.

— Oui, monsieur le chevalier; mais... c'est que...

— C'est que... parlez !

— Trois personnes, deux hommes et une femme, viennent d'arriver au château, portant des ordres de M. le comte notre jeune maître.

— Voilà qui est extraordinaire, pensa le chevalier.

— L'un des hommes veut absolument vous parler, ajouta le domestique.

— Allons donc recevoir les ordres de M. d'Avroncelles, dit simplement le chevalier.

Le clavecin continuait à égrener ses notes capricieuses, graves, légères, joyeuses ou plaintives.

Au bout d'un quart d'heure, M. de Florens rentra dans sa chambre; il était pâle et agité. A la sévérité de son regard se joignait une nuance de tristesse qu'il eût essayé vainement de dissimuler. Il s'assit dans son large fauteuil et se mit à réfléchir.

Depuis un instant le clavecin ne jouait plus. La porte ouvrant sur la pièce où il s'était fait entendre s'entr'ouvrit doucement et une forme blanche se dessina dans l'ouverture. Gracieuse et suave apparition!... C'était une jeune fille de seize ans environ. Elle était grande; ses beaux cheveux blonds dénoués retombaient en longues tresses sur ses épaules demi-nues, d'une blancheur éclatante. Quant à son corps, autant qu'on pouvait en juger sous les voiles qui le cachaient aux yeux, il était d'une beauté parfaite.

La jeune fille attacha sur le vieillard son regard plein de tendresse, et le considéra attentivement pendant quelques secondes. Le chevalier, absorbé dans ses pensées, ne la vit point, et ne fit aucun mouvement.

— Il dort, murmura la jeune fille.

Elle appuya sur sa bouche l'extrémité de ses

jolis doigts roses, ses lèvres firent entendre le bruit d'un baiser, et la porte se referma plus doucement encore qu'elle ne s'était ouverte. La gracieuse apparition avait disparu.

Dans l'intérieur du château, ordinairement silencieux, on entendait les portes s'ouvrir et se refermer violemment. Toutes les salles étaient éclairées. On préparait les appartements du comte d'Avroncelles, propriétaire du château, et plusieurs chambres pour ses amis; car le comte, âgé de vingt-deux ans seulement, devait arriver le lendemain, amenant avec lui, de Paris, quelques-uns de ses camarades, compagnons joyeux de sa jeunesse.

Le chevalier de Florens sortit enfin de son immobilité : il se leva et se mit à marcher dans sa chambre d'un pas inégal, tantôt lent, tantôt précipité, en agitant ses grands bras dans le vide. M. de Florens était évidemment sous l'empire d'une colère violente.

— Intendant! intendant! dit-il d'une voix sombre; ils m'ont appelé intendant! ils ont eu cette audace! Je ne suis l'intendant de personne; non, certes, de personne, et du comte d'Avroncelles, dont le père a été mon ami, moins que de tout autre. Si, pendant vingt ans, je me suis occupé des intérêts de mon vieil ami, c'est parce que lui-même, retenu à la cour du roi, ne pouvait y consacrer son temps; c'était de ma part une preuve d'amitié, un dévouement. Et son fils, l'ingrat! me fait appeler aujourd'hui intendant par ses valets! Et, chose plus grave encore, il m'ordonne de remettre les clefs du château, — ces clefs que j'ai gardées pendant vingt ans, — entre les mains d'un autre! Quelle est donc son intention? Veut-il me chasser de ce château comme un misérable? Mais il n'en a pas le droit; j'ai vieilli ici, je dois y mourir. Ma fille bien-aimée, ma Thérèse chérie y est née. A-t-il donc, ce jeune homme, le droit de dire à cette enfant que son père aimait, que son père caressait dans les rares instants qu'il passait avec nous : Je ne vous connais pas; vous et votre père, vous êtes des étrangers pour moi : allez-vous-en ? O d'Avroncelles ! mon noble ami, tu m'as cependant dit : « Chevalier, tu es ici le maître avant moi. » — Allez-vous-en ! Mais s'il en était ainsi, ton spectre, d'Avroncelles, sortirait de son tombeau, et tu viendrais crier à ton fils : Arrête! malheureux, arrête! tu commets un crime!...

L'heure après minuit était sonnée, lorsque le chevalier, qui s'était calmé peu à peu, faute de trouver de nouveaux aliments pour sa colère, pensa qu'il était temps de se livrer au repos.

— Qui sait? pensait-il, si la nuit prochaine je pourrai dormir dans cette chambre?

Mais, avant de se mettre au lit, il ouvrit la porte par laquelle s'était montré le visage riant de la jeune fille, et plongea son regard dans l'appartement.

M. de Florens soupira.

— Mon bonheur, ma vie est là, dit-il.

Ses yeux s'étaient arrêtés sur le lit blanc et rose où reposait sa fille, la charmante Thérèse de Florens. Il laissa la porte entre-bâillée, et se jeta lui-même sur sa couche sans prendre la peine d'ôter ses vêtements.

II

Au moment où la dernière étoile du matin s'éteignit dans l'azur du ciel, lorsque la première clarté du jour s'épancha sur l'horizon, le chevalier de Florens quitta son lit et commença, comme la veille, une promenade rapide autour de sa chambre.

Quelques instants après, Thomas se présenta. Il était suivi du cuisinier, du jardinier du château et de la femme de ce dernier. Ces quatre personnes composaient, avec M. de Florens et sa fille, les habitants ordinaires d'Avroncelles.

— Nous venons vous dire bonjour avant de quitter le château, monsieur le chevalier, dit Thomas d'un air piteux.

— Avant de quitter le château! Qu'est-ce que cela veut dire ?

— Hier soir nous avons reçu notre congé.

— Et qui donc s'est permis de renvoyer, sans mon ordre les anciens et fidèles serviteurs de mon ami le comte d'Avroncelles ?

— L'intendant du jeune comte, monsieur le chevalier.

— L'intendant! s'écria M. de Florens devenu blême. Ah! ah! reprit-il avec un calme qu'il ne possédait point, le jeune comte a pris un intendant; il n'était sans doute pas satisfait des services désintéressés d'un homme honoré de l'affection de son illustre père. C'est bien. Il ne lui manque plus que de me faire chasser, moi aussi, par son intendant. Je ne suis plus rien ici, vous le voyez; au lieu de dicter des ordres, on aura peut-être la hardiesse de m'en donner; et, bien qu'il me soit pénible de vous voir sortir d'une maison où vous êtes depuis tant d'années, je me vois forcé de vous laisser partir sans réclamer pour vous. Allez, et que le ciel vous conduise.

Les domestiques se retirèrent en saluant jusqu'à terre.

Le chevalier ne put s'empêcher d'être flatté de cette marque de soumission. Il passa aussitôt dans la chambre de sa fille. Elle était à sa toilette.

— Bonjour, père, lui dit-elle; comment avez-vous passé la nuit?

— Assez bien. Et toi, petite, as-tu bien dormi?

— Mais oui; seulement, il s'est fait beaucoup de bruit dans le château. Pourquoi cela, mon père?

— On a préparé les appartements pour recevoir le jeune comte, qui arrivera aujourd'hui à Avroncelles.

— Ah! fit la jeune fille avec indifférence.

— Je vais t'imposer un grand sacrifice, Thérèse : pendant quelques jours, tu ne feras plus ta promenade matinale dans le parc et dans le jardin; tu resteras dans ta chambre; tu as des livres et ton clacevin, avec eux tu ne t'ennuieras pas trop. Et puis je te tiendrai compagnie souvent; nous causerons.

La jeune fille regarda le chevalier avec étonnement.

Elle faisait cette réflexion :

— Il faut que mon père ait de bien puissantes raisons pour m'interdire ma promenade favorite.

— Tu ne me réponds pas, Thérèse? reprit le chevalier.

— Je vous obéirai, mon père : je ne sortirai pas de ma chambre.

— C'est bien, petite; je suis content de toi.

Il l'embrassa au front et rentra chez lui.

Vers dix heures, le roulement de deux chaises de poste attira l'attention de M. de Florens.

— C'est le comte et ses compagnons, pensa-t-il.

Au lieu de courir à la rencontre du fils de son ami, il ne fit pas un mouvement et resta étendu dans son grand fauteuil. Le chevalier sentait qu'il avait été gravement offensé par le jeune comte. Son autorité venait d'être méconnue, on avait manqué d'égards envers lui, on l'avait insulté. Atteint dans ce qu'il avait de plus cher au monde : sa fierté, son amour-propre, son orgueil, il était en droit d'exiger une réparation. Il s'était dit : **M. d'Avroncelles ne me verra pas s'il ne me fait appeler.** Selon lui, il était impossible que le comte ne lui fît pas l'honneur de l'inviter à sa table. Il attendit. Mais M. d'Avroncelles ne le fit point demander. Le pauvre chevalier et sa fille étaient complétement oubliés. Il fut obligé de commander son dîner lui-même. Cette dernière offense le rendit furieux.

Quatre jours se passèrent ainsi. Le chevalier, malgré sa grande pénétration, fut obligé de convenir en lui-même qu'il n'y comprenait absolument rien.

La soirée était belle. Thérèse, qui commençait, à éprouver l'ennui inévitable de la solitude, habituée qu'elle était à courir matin et soir dans le parc, sous les toits verts des larges allées, Thérèse s'était appuyée au bord de sa fenêtre et jetait un regard envieux et triste sur les grands arbres du parc, sur les fleurs du jardin, ces jolies fleurs qu'elle aimait tant, qu'elle ne pouvait plus caresser de la main, qu'elle ne pouvait plus cueillir pour en orner ses cheveux et son corsage. Elle entendait le chant des rossignols et des fauvettes, et elle souriait doucement. Puis, lorsqu'une brise égarée lui apportait les mille parfums de la campagne, elle respirait avec force, comme si elle eût craint de laisser échapper un seul de ces parfums.

Elle était là depuis quelques minutes, lorsque son regard s'arrêta sur quatre jeunes gens qui se promenaient lentement dans une allée du jardin, en face de sa fenêtre. Le comte d'Avroncelles devait être l'un d'eux. Ce fut la pensée de la jeune fille ; mais comment le reconnaître ? Ils étaient beaux tous les quatre. Pourtant, celui que Thérèse avait aperçu le premier la captiva complétement ; son regard glissa rapidement sur les autres pour revenir à lui, pour ne plus voir que lui seul. Était-ce le jeune comte ? La jeune fille n'eut pas le temps de s'adresser cette question. Elle sentait son cœur battre doucement, ses jambes chanceler ; quelque chose de lumineux comme un rayon de soleil vint frapper ses yeux qui se fermèrent. Elle eut peur. Son front était brûlant, elle tremblait. Elle quitta précipitamment la fenêtre et alla s'asseoir devant son clavecin. Ses doigts se posèrent sur le clavier, et les premiers sons la rendirent à elle-même. Pour dissiper son trouble et changer ses pensées, elle voulut jouer un air gai ; mais elle changea de rhythme dès les premières notes. L'instrument fit entendre alors un véritable chant d'amour, doux comme une rêverie, exalté comme la passion. Thérèse composait elle-même. Son cœur, son âme étaient passés dans ses doigts, qui couraient sur les touches d'ivoire. Cela dura un quart d'heure.

Les jeunes gens s'étaient arrêtés sous la fenêtre dès le début : ils écoutaient avec admiration, et ne s'éloignèrent que lorsque la dernière note arriva mourante jusqu'à eux.

En se retournant, Thérèse vit son père, debout et les bras croisés, au milieu de la chambre. Deux larmes, arrachées par l'émotion, descendaient sur les joues du vieillard. La jeune fille se jeta à son cou et l'embrassa avec effusion. Que de choses il y avait dans ce baiser !...

Le lendemain, le comte fit enfin prier M. de Florens de se rendre auprès de lui. Le chevalier mit un soin minutieux à sa toilette. Disons aussi que sa colère avait eu le temps de disparaître, chassée par le raisonnement. Il avait réellement et bien aimé feu le comte d'Avroncelles ; comment aurait-il pu en vouloir longtemps à son fils, pour lequel il éprouvait une affection presque paternelle ?

Ce fut donc avec un visage souriant qu'il se présenta devant le jeune comte ; mais un nuage reparut bientôt sur son front, à la vue d'un autre personnage qui se trouvait dans la pièce où l'on venait de l'introduire : c'était le nouvel intendant du château. M. de Florens devina dans cet homme un ennemi.

— Veuillez vous asseoir, monsieur, dit le comte en indiquant un siége au vieillard.

L'intendant le regarda en dessous, d'un air peu respectueux.

— Je suis venu passer quelques jours seulement au château, continua le comte; je veux en profiter pour me rendre compte de mes affaires, pour examiner s'il n'y aurait pas quelques réformes, quelques améliorations à faire sur l'étendue de mes propriétés, et pour installer ici monsieur, que je vous présente comme intendant d'Avroncelles.

— Auriez-vous eu à vous plaindre de moi, monsieur le comte, pour retirer votre confiance au vieil ami de votre père?

— Non, monsieur le chevalier ; je n'oublie pas les services que vous avez rendus à mon père, mais vous n'êtes plus jeune.

— Monsieur le comte pourrait faire supposer qu'il doute de mon intelligence et qu'il ne me croit plus capable de soigner ses intérêts?

— Vous vous trompez, monsieur, je veux seulement dire que vous avez besoin de repos.

— Je vois, monsieur le comte, que vous désirez vous passer de moi. Vous me priez, avec beaucoup de politesse, du reste, de quitter au plus tôt votre château.

— Vous vous méprenez encore sur mes intentions, monsieur de Florens, reprit le jeune homme en faisant un geste d'impatience. Vous resterez à Avroncelles, je ne demande pas mieux ; seulement, je vous prierai de remettre les papiers de ma famille ainsi que vos pouvoirs entre les mains de mon intendant.

— Je ne saurais profiter de votre permission, monsieur le comte ; du moment que je ne vous suis plus utile, je dois quitter votre maison, je n'ai besoin de la pitié de personne.

Le sang était monté à la figure du vieillard.

— Quant à vos papiers de famille, ajouta-t-il, je les remettrai en vos propres mains, monsieur le comte. Veuillez prendre la peine de passer avec moi dans le cabinet où ils se trouvent.

Le comte se leva, et, en sortant, échangea un regard singulier avec son intendant.

Le chevalier le fit entrer dans une petite pièce tenant à sa chambre, et qui lui servait de bureau. Il remit immédiatement au comte plusieurs liasses de papiers et parchemins jaunis, rangés et étiquetés avec ordre.

Le comte s'assit devant la table et examina parchemins et papiers, sur lesquels il fit diverses annotations. Le chevalier s'était appuyé, à l'autre bout de la pièce, contre le marbre de la cheminée.

— Ces papiers sont en ordre, dit le comte en se tournant à demi vers M. de Florens. Mais, ajouta-t-il, n'avez-vous pas encore quelque chose à me remettre ?

— Tous vos titres sont là, monsieur le comte.

— Ce ne sont pas des papiers que je réclame, monsieur.

— En ce cas, je ne vois pas...

— N'avez-vous point connaissance de l'écrin renfermant les bijoux et les diamants de ma famille ?

Le chevalier fit un mouvement, mais si peu visible, que le comte ne le remarqua point.

— Je sais, monsieur le comte, dit-il, que votre famille possédait des diamants d'une valeur énorme.

— Un million, monsieur. Les uns appartenaient à ma mère, les autres ont été pendant plusieurs siècles l'héritage des comtes d'Avroncelles.

— Je sais encore cela.

— A la mort de ma mère, la comtesse d'Avroncelles, mon père en devint le dépositaire. Vous devez savoir cela aussi, monsieur le chevalier ?

— Oui, monsieur, ces particularités me sont connues : mais je ne vois pas...

Le chevalier commençait à se trouver mal à l'aise. L'interrogatoire que lui faisait subir le jeune homme lui devenait pénible; il cherchait le moyen de sortir de la situation où il se trouvait engagé, et il ne parvenait pas à trouver une issue.

— Depuis que j'ai eu le malheur de perdre mon père, continua le comte, j'ignore ce que l'écrin est devenu. Il s'agit d'une partie assez importante de ma fortune pour que je m'en inquiète. Mon père avait l'habitude de vous consulter sur tout avant d'agir, monsieur de Florens; vous ne devez donc pas trouver mauvais que je m'adresse à vous pour obtenir un renseignement. Vous seul pouvez me dire ce que sont devenus les diamants renfermés dans l'écrin.

Le comte s'était levé et regardait fixement le vieillard.

Le malheureux chevalier sentait une sueur froide courir à la surface de sa peau.

— Je ne puis vous le dire, monsieur le comte, répondit-il avec résolution, je... je l'ignore.

— Ah! vous l'ignorez, reprit le comte d'un ton sec; je m'attendais à votre réponse.

— Votre père peut les avoir vendus? hasarda le chevalier.

— Vous pourriez sans doute affirmer qu'ils ne l'ont pas été, dit le comte avec intention.

— Monsieur le comte! s'écria le vieillard, oseriez-vous soupçonner?

— Oui, monsieur, reprit le comte en élevant la voix, je vous soupçonne d'être plus instruit que vous ne voulez le paraître, pour ne pas attaquer autrement votre honneur.

— Monsieur le comte!...

Une rougeur subite était montée au front du chevalier. Il était profondément ému. Son corps tremblait.

— Une pareille accusation ne vient pas de vous, dit-il; vous n'auriez pas voulu insulter un vieillard, l'ami de votre père. Mais n'importe! je quitterai, aujourd'hui même, votre château. J'étais pauvre en y entrant, j'en sortirai également pauvre, après y avoir usé ma vie au service de votre père.

En achevant ces mots, la voix du chevalier était devenue éclatante.

La porte du cabinet s'ouvrit, et mademoiselle de Florens, le visage bouleversé, se précipita vers son père.

— Qu'y a-t-il? Mon père, mon père! qu'avez-vous?

— C'est M. le comte Henri d'Avroncelles, ma fille, qui nous chasse de son château, répondit le vieillard.

La jeune fille se tourna vers le comte et lui envoya un regard plein de reproche et de tristesse, mais exempt de colère, car elle avait reconnu le beau promeneur de la veille.

Sous ce regard vif et pénétrant, dont il comprit toute l'éloquence, le comte se troubla, ses yeux se baissèrent, et il eut honte d'avoir accusé le père de cette charmante jeune fille qui semait autour de lui de magiques rayonnements.

— Viens, dit le chevalier en entraînant sa fille, il faut songer à notre départ.

Ils sortirent et laissèrent le jeune homme debout, immobile, et pensant à toute autre chose qu'à l'écrin renfermant les diamants de famille.

Sur l'ordre de son père, Thérèse se mit à rassembler les divers objets qui leur appartenaient. Ses yeux étaient humides de larmes. Pauvre petite!... Elle se disait qu'elle allait quitter pour toujours sa chère petite chambre où elle avait vécu heureuse si longtemps, son parc, son jardin et ses jolies fleurs, enfin tout ce qui avait été jusqu'alors un monde pour elle : son univers. Et puis, elle pensait au comte, au comte qu'elle ne reverrait plus! au comte, qu'elle aurait dû haïr, et qu'elle ne pouvait s'empêcher d'aimer.

Pendant que Thérèse s'occupait des préparatifs,

le chevalier, seul dans sa chambre, ouvrit un tiroir et en retira un petit coffret qu'il caressa longuement des yeux.

— Une fortune, deux fortunes renfermées là, murmura-t-il, un million!... Que faut-il faire?...

Il hésita un instant.

— Non, non, reprit-il tout haut, je ne les remettrai pas.

Pour réparer ses torts envers le chevalier, le comte d'Avroncelles vint lui faire ses excuses et le prier de lui pardonner. Il le supplia de ne point quitter le château. M. de Florens ne voulut rien entendre. A midi, une voiture vint le prendre avec sa fille pour les conduire à Blois.

Le jeune comte les vit s'éloigner avec tristesse. Il n'avait fait qu'entrevoir la jeune fille, et déjà elle remplissait son cœur. Il l'aimait.

III

L'année 1793 venait de s'ouvrir en voyant tomber la tête de Louis XVI. Le sang de quelques nobles victimes de la révolution avait déjà rougi les échafauds élevés par la Convention, pour y faire monter les soi-disant ennemis de la sûreté publique. Nous n'entreprendrons pas de tracer ici le tableau de ces scènes terribles qui coûtèrent à la France le meilleur de son sang; qui la firent pleurer pendant plusieurs années; et qu'elle voudrait effacer aujourd'hui au prix de quelques-unes des plus belles pages de son histoire. Des plumes plus éloquentes que la nôtre n'ont rien laissé à dire sur ce sujet.

Le roi étant mort, les nobles qui habitaient Paris abandonnèrent cette ville, où leur liberté et leur vie étaient menacées; les uns pour grossir le nombre des émigrés, déjà considérable; les autres, pour se retirer au fond de leur province, où ils croyaient pouvoir échapper à la fureur révolutionnaire.

Voilà pourquoi le comte Henri d'Avroncelles arrivait incognito, par une soirée du mois de février, au château d'Avroncelles.

Quatre ans et plus se sont écoulés, depuis que le chevalier de Florens a quitté le château. Le comte n'a point oublié Thérèse; l'image de la jeune fille l'a suivi à Versailles, où il était retourné rappelé par son service, et à Paris, dans les salons, où sa fortune et ses titres le faisaient facilement admettre. Fêté par les mères, désiré par les jeunes filles à marier, le comte restait insensible à toutes les avances, et ne pensait qu'à Thérèse. Quant à ses diamants de famille, s'il y songeait parfois, c'était pour déplorer sa conduite envers le chevalier qu'il n'osait plus soupçonner, et qui ne lui pardonnerait jamais d'avoir méconnu ses services et douté de son honorabilité. Comme beaucoup de jeunes gens de son âge, qui ne connaissent la misère et les privations que de nom, le comte ne considérait pas la fortune pour ce qu'elle est réellement; il la plaçait avec raison au-dessous de son honneur, mais aussi bien plus bas que la satisfaction de son cœur. Il l'aurait sacrifiée volontiers pour se rapprocher de mademoiselle de Florens, pour en être aimé et l'épouser.

En arrivant à Blois, le chevalier descendit chez

un de ses anciens amis, homme riche et très-considéré dans la ville, qui le reçut avec joie et lui offrit, pour lui et sa fille, un logement dans sa maison. M. de Florens accepta avec empressement; mais il refusa avec opiniâtreté de vivre aux dépens de son ami.

— Ma fille est jeune, et moi, je suis encore fort, dit-il ; nous travaillerons.

Thérèse trouva aisément quelques leçons de musique. Le chevalier, qui avait fait de sérieuses études, devint professeur de mathématiques.

Ils purent suffire ainsi à leurs besoins. Si le comte d'Avroncelles pensait beaucoup à Thérèse, Thérèse pensait beaucoup au comte d'Avroncelles. Son amour, il est vrai, était sans espoir; mais elle l'aimait franchement, avec son cœur, avec son âme : elle l'aimait parce qu'il était jeune et beau, parce qu'elle le croyait bon, malgré son injustice envers son père. Comme le chevalier ne prononçait jamais le nom du comte devant elle, elle n'aurait jamais osé en parler elle-même. C'était seulement la nuit, dans le silence, qu'elle s'entretenait avec son cœur : lui et elle étaient toujours du même avis. Oh! comme ils se comprenaient! comme ils s'entendaient! Que de choses ils se

Pourtant, ce que Thérèse ne comprenait pas, c'est que son père ne montrait aucune colère contre le comte. Elle savait qu'il s'informait secrètement de ce que le jeune homme faisait à Paris, et, ce qui redoublait son étonnement, c'est que, chaque fois qu'il recevait une bonne nouvelle, il manifestait une joie qui lui semblait étrange, incompréhensible.

Jusqu'au moment où nous reprenons notre récit, M. de Florens et sa fille vécurent tranquillement à Blois, sans s'inquiéter beaucoup du mouvement révolutionnaire qui s'accomplissait autour d'eux.

C'était par une froide nuit du mois de février; Thérèse et son père veillaient, assis devant un feu ardent qui flambait dans la cheminée. La jeune fille terminait un petit travail à l'aiguille; le chevalier semblait préoccupé; son front était soucieux, de sombres pensées l'agitaient. De temps en temps il regardait du côté de la porte, et écoutait attentivement les bruits du dehors. Enfin il se leva. La porte venait de s'ouvrir et de livrer passage à la personne si impatiemment attendue. C'était l'ami chez lequel logeait le chevalier, M. Mingard.

— M'apportez-vous une bonne nouvelle? demanda le chevalier.

— Oui, s'il ne s'agissait que de savoir où il se trouvait.

— Mais c'est tout ce que je veux.

— Et s'il courait quelque danger? s'écria le vieillard.

— Mais oui, c'est possible : aujourd'hui on ne respecte plus rien.

— Que fait-il? où est-il? de quel danger est-il menacé?

Thérèse écoutait sans comprendre.

— Nous n'avons pas de temps à perdre, chevalier. Le comte est à Avroncelles depuis cinq jours; on vient de le dénoncer ce soir au club, et l'ordre de l'arrêter demain matin avant le jour a été envoyé aux gendarmes.

Thérèse poussa un cri étouffé et devint pâle comme une morte.

— O mon père! mon père! s'écria-t-elle; sauvez-le, sauvez le comte Henri!

Le chevalier regarda sa fille avec étonnement. En voyant son trouble et sa pâleur, il comprit tout.

— Elle l'aime, pensa-t-il; je m'en doutais.

Et il envisagea avec effroi les chagrins que cet amour pourrait causer à sa fille chérie.

— Tu portes un bien grand intérêt au comte d'Avroncelles, ma fille, dit-il. Il ne le mérite pourtant pas, après l'injure qu'il m'a faite.

— On pardonne à un ennemi, mon père, et le comte est fils d'un homme qui était pour vous un frère.

— Tu as raison, Thérèse, il faut pardonner et oublier. Grâce à Dieu, nous sommes instruits à temps, nous pourrons le sauver.

— O mon père ! merci, merci !

— Prends garde à ton cœur, petite, prends garde, dit le chevalier en posant un baiser sur le front de sa fille.

Et, se retournant vers M. Mingard :

— Partons ! ajouta-t-il.

Thérèse tomba à genoux devant une image de la Vierge et se mit à prier du fond de son âme. Au bout de quelques minutes, elle entendit les sabots de deux chevaux retentir sur le pavé de la rue. Elle courut à sa fenêtre.

M. Mingard et le chevalier partaient ventre à terre pour Avroncelles.

Thérèse avait déjà calculé la distance et fixé l'heure du retour des deux libérateurs.

Deux heures s'écoulèrent, longues comme des jours ; que dis-je ? comme des années pour la jeune fille.

Quelle inquiétude ! que d'angoisses terribles pour son cœur !

Enfin le galop des chevaux se fit entendre de nouveau; son cœur bondit dans sa poitrine. La joie, l'espérance, la crainte l'agitaient tour à tour.

— Sauvé! sauvé! cria le chevalier en se précipitant dans la chambre.

Thérèse retomba sur ses genoux; joignit ses mains, et, tournant sa tête d'ange vers l'image sainte, elle prononça ces paroles:

— Vous m'avez exaucée, Vierge Marie, votre fidèle servante vous rend grâces!

Le comte, qui suivait de près le chevalier, l'entendit.

— Aussi longtemps que vous prierez pour moi, mademoiselle, dit-il en s'avançant vers Thérèse, mes jours ne seront pas en danger; vous devez être le bon ange gardien à qui Dieu m'a confié. Ah! chevalier, ajouta-t-il en se jetant dans les bras du vieillard, je suis bien heureux, bien heureux!

Le lendemain, on apprit qu'une perquisition avait été faite au château; mais, grâce aux précautions qu'avait prises le chevalier, les gendarmes ne purent découvrir les traces du fugitif. Certes, on était bien éloigné de le chercher chez M. Mingard, qui passait pour un des plus ardents apôtres des idées nouvelles.

Après le déjeuner, le comte demanda au chevalier un moment d'entretien.

— Monsieur de Florens, lui dit-il, vous m'avez sauvé

la vie, vous êtes devenu mon père; permettez-moi de vous donner ce nom. L'immense fortune des comtes d'Avroncelles n'existe plus aujourd'hui, car, obligé de me cacher pour conserver ma tête, lors même que je ne quitterais pas la France, je serais considéré comme émigré, et mes propriétés, confisquées, deviendront celles de la république. Mais il existe un trésor bien précieux pour moi, un trésor pour lequel je sacrifierais ma vie. Il vous appartient, M. de Florens, vous pouvez en disposer en ma faveur ; accordez-moi la main de mademoiselle Thérèse votre fille?

— Y pensez-vous, monsieur le comte? L'héritier des d'Avroncelles peut-il vouloir épouser une fille d'une bonne noblesse, il est vrai, mais ne possédant absolument rien. Vous devez prétendre à une plus riche alliance, monsieur le comte.

— Je ne suis plus l'héritier des comtes d'Avroncelles, chevalier, puisque je suis forcé d'abandonner l'héritage. Oh! si jamais j'ai un seul regret de me voir dépouillé de ma fortune, croyez-le, monsieur, ce sera parce que je ne pourrai pas l'offrir tout entière à votre fille. Mais je ne perdrai peut-être pas tout: j'ai quelques créances de mon père, qui, si elles sont couvertes, me donneront encore une petite aisance.

— Je suis flatté de l'honneur que vous faites à ma fille, monsieur le comte; mais, pour le présent, je ne me rendrai point à votre désir. Les beaux jours peuvent revenir pour vous, et.....

— Douteriez-vous de mon amour, chevalier?

— Non, monsieur le comte. Mais laissez passer la tourmente révolutionnaire. Si, à cette époque, vos intentions n'ont pas changé, si vous aimez encore ma fille, eh bien, je ne vous la refuserai plus.

— Ah! chevalier, si je possédais aujourd'hui le quart seulement de mes diamants perdus, nous serions tous riches, et je n'attendrais pas, je vous le jure.

Pendant deux jours, M. Mingard et le chevalier causèrent longuement ensemble. Quelque chose de sérieux devait s'agiter entre les deux amis.

Thérèse ne voyait le jeune comte qu'aux heures des repas, en présence du chevalier, qui voulait empêcher sa fille de concevoir une espérance que l'avenir ne réaliserait peut-être jamais.

Les deux jeunes gens, embarrassés, n'osèrent se parler mutuellement de leur affection.

Un matin, M. Mingard vint trouver le comte dans sa chambre, et lui remit un petit coffret d'ébène et une lettre de la part du chevalier.

Le comte ouvrit précipitamment et lut ce qui suit :

« Monsieur le comte,

« Vous n'êtes pas aussi pauvre que vous le croyez. Votre père, en me confiant, quelques jours avant sa mort, le coffret renfermant les diamants de votre famille, m'avait ordonné de ne vous les remettre que la veille de votre mariage ; mais comme ils peuvent vous devenir très-utiles en ce moment, je n'hésite pas à vous les donner et à transgresser l'ordre du feu comte d'Avroncelles.

« Quittez la France, monsieur le comte, où vous pouvez être découvert. M. Mingard, mon ami, qui fut aussi celui de votre père, et qui vous est entièrement dévoué, vous a ménagé le moyen de passer à l'étranger, en vous faisant délivrer un passe-port sous un nom supposé. Allez attendre là-bas le retour de la tranquillité en France, et tâchez d'oublier un vieillard et une jeune fille qui ne cesseront jamais de faire des vœux pour votre bonheur.

« Chevalier DE FLORENS. »

Le comte ouvrit le coffret et y prit un papier cacheté aux armes de son père. Il rompit le sceau et lut avidement.

Sur ces lignes tracées par une main chérie, le comte laissa tomber quelques larmes.

— Oh! oui, mon noble père, s'écriait-il, je remplirai fidèlement vos dernières volontés. Le bonheur de ma vie est là.

— Voici votre passe-port, monsieur le comte, dit M. Mingard.

— Mon passe-port? Un ne suffit pas, monsieur; il en faut trois.

— Trois?

— Oui. M. de Florens et sa fille m'accompagneront.

— Mais, monsieur le comte...

— Le chevalier, le chevalier! priez-le de venir.

— M. de Florens n'est plus ici. Lui et sa fille sont partis cette nuit.

— Partis! fit le comte étonné. Et où sont-ils allés?

— Je l'ignore, monsieur le comte.

— Je comprends, dit le jeune homme en baissant tristement la tête.

Il remit l'écrit de son père dans l'écrin, le ferma, et le présentant à M. Mingard :

— Je partirai ce soir, monsieur, lui dit-il. Veuillez être jusqu'à mon retour le dépositaire de ces diamants; si je meurs, ils deviendront la propriété de mademoiselle Thérèse de Florens.

IV

C'est à Nancy que nous retrouvons M. de Florens et sa fille. Le chevalier a atteint sa soixante-quinzième année; mais il porte admirablement son âge; sa haute taille n'a point encore pris cette courbure légère que donne la vieillesse, et ses yeux ont conservé leur vivacité.

Comme à Blois, le chevalier continue à donner des leçons de mathématiques. Thérèse a également quelques élèves pour la musique. Ils vivent modestement; mais leur fortune médiocre suffit à leur simplicité.

Le chevalier pense souvent à l'avenir de sa fille. Thérèse ne s'occupe que de son passé. Peu lui importe l'avenir, ce vaste inconnu vers lequel on marche les yeux bandés, l'avenir où rien ne l'attire.

Le passé, c'est différent : il a ses souvenirs.

Thérèse n'est plus une toute jeune fille; mais elle est toujours belle, belle de cette beauté que l'âge complète en la caractérisant. Cependant, il y a des jours où son beau front se charge de tristesse, où son cœur soupire en secret, où ses yeux laissent couler des larmes loin des regards de son père; l'amour, après avoir pris naissance dans son cœur, y a grandi.

Ce jour-là, ils étaient assis en face l'un de l'autre, près d'une fenêtre ouverte sur un beau jardin ombragé de grands arbres. Le vent faisait en vain frissonner leur feuillage vert; rien ne semblait pouvoir distraire la jeune fille. Le ciel était sombre et brumeux, et, comme lui, Thérèse inclinait son front couvert de nuages.

Le chevalier la considérait en silence et secouait la tête, semblable à un médecin qui voit mourir son malade et cherche vainement le remède qui pourrait le guérir.

— Tu es donc toujours triste, Thérèse? lui dit-il.

— Mais non, mon père, répondit la jeune fille en tournant son visage vers le chevalier.

— Tu me mens. Tiens, il y a des larmes dans tes yeux.

— Vous voyez tout, mon père.

— Oui, je vois tout; tout ce qui vient de toi, ma fille, joie ou chagrin, ne faut-il pas que j'en aie ma part?

— Mon père!

— Tu t'ennuies donc bien?

— Auprès de vous, est-ce possible?

— Pourquoi n'es-tu pas heureuse?

Thérèse ne répondit rien.

Le chevalier se mit à réfléchir.

— Nous avons beau faire, pensait-il, quelle que soit notre vigilance, l'amour est notre maître.

— Il me semble, dit Thérèse en rompant brusquement le silence, qu'il y a longtemps que vous n'avez reçu une lettre de M. Mingard?

— Il y a huit jours, tu le sais, et Mingard ne nous écrit qu'une fois par mois.

— Ne trouvez-vous pas étonnant le silence de M. le comte d'Avroncelles, mon père?

— Étonnant! pourquoi?

— Voici bientôt cinq ans qu'il a quitté la France; il pourrait y rentrer maintenant?

— M. d'Avroncelles ne se souvient plus de nous, sans doute.

Une pâleur mortelle couvrit subitement la figure de Thérèse.

— Tu l'aimes donc bien? reprit le vieillard.

Cette fois, ce fut une vive rougeur qui colora les joues de mademoiselle de Florens.

— Oh! oui, je l'aime! je l'aime! murmura-t-elle.

— S'il l'aimait encore, pensait le chevalier; s'il arrivait, elle serait sauvée. La vie de ma fille est entre ses mains; qu'il vienne donc vite pour me rendre mon enfant. — Si nous sortions un peu, Thérèse, reprit-il, le grand air te ferait du bien?

— Non, père, j'aime mieux rester.

— Comme tu voudras, ma fille. Tu sais qu'il faut que je sorte ce soir, et je crains que tu ne t'ennuies.

— Soyez tranquille, mon père.

— A bientôt alors; je tâcherai de raccourcir le chemin.

Le chevalier sortit, et Thérèse s'enfonça dans une rêverie où le passé revivait par le souvenir.

Tout à coup un pas léger se fit entendre dans l'escalier.

La jeune fille prêta une oreille attentive.

— Ce n'est pas mon père, se dit-elle; c'est sans doute une élève.

Deux coups furent frappés à la porte, Thérèse ouvrit.

Un cri de joie s'échappa aussitôt de sa poitrine. Le comte d'Avroncelles était devant elle. Son premier mouvement fut de se jeter dans ses bras; mais la pudeur, ce sentiment instinctif de la femme, lui fit faire deux pas en arrière.

— C'est moi, Thérèse, lui dit le comte; je vous aime! je vous aime et je sais que vous m'aimez.

Thérèse, tremblante, éperdue, brisée par l'émotion, se laissa tomber dans un fauteuil.

Le comte se mit à ses genoux. Il embrassa ses mains. Thérèse pleurait. Le bonheur a aussi ses larmes.

— Où est-il? où est-il? criait M. de Florens en montant l'escalier.

— Regardez, lui dit M. Mingard en lui montrant le comte à genoux devant sa fille.

Le comte se leva, et, s'avançant vers le chevalier :

— Monsieur de Florens, lui dit-il, je viens réclamer aujourd'hui la parole que vous m'avez donnée. Pour la seconde fois, je vous demande la main de votre fille.

— Monsieur le comte..... balbutia le vieillard que la joie suffoquait.

Il s'arrêta pour reprendre haleine.

— Quand vous m'avez demandé ma fille la première fois, reprit-il, vous étiez pauvre; aujourd'hui vous êtes riche.

— Oui : grâce à vous et à M. Mingard, mes propriétés n'ont pas été vendues. Mais votre fille, chevalier, est riche aussi.

— Ma fille?

— Voici le testament de mon père, dit le comte

en tirant un papier de sa poche; il était enfermé dans l'écrin contenant les diamants de ma famille. Ecoutez :

« Je vais mourir, mon cher fils, mais je te laisse dans le chevalier de Florens un second père.

« Honore-le, respecte-le toujours. Quoique pauvre, ce fier gentilhomme n'a jamais rien voulu accepter de moi; mais il a une fille, qu'elle devienne ta sœur. Je te laisse le soin de la doter.

« J'ai conservé sans tache le nom de nos ancêtres, mon fils; c'est à ton tour de le porter avec honneur.

« Souviens-toi.

« HENRI, comte D'AVRONCELLES. »

— M. Mingard, continua le comte, vous remettra les diamants; ils seront la dot de ma femme.

Deux mois plus tard, mademoiselle Thérèse de Florens était devenue comtesse d'Avroncelles.

FIN.

TABLE

	Pages.
Le Clos des Peupliers.................................	1
Un Péché d'orgueil...................................	99
Histoire d'un Bonnet de police.......................	139
Nouvelle Lune..	201
Les diamants de famille..............................	223

CLICHY. — Impr. de M. LOIGNON et Cie, rue du Bac-d'Asnières, 12.

EXTRAIT DU CATALOGUE DE P. BRUNET.
Libraire-Éditeur, 31, rue Bonaparte.

RÉCITS AMÉRICAINS

PUBLIÉS PAR

BÉNÉDICT-HENRY RÉVOIL

PROSPECTUS

Le goût du public — il est bon de signaler ce fait — est tourné depuis plusieurs années vers les lectures de romans d'aventures et de voyages, bien plus encore que vers les peintures de mœurs, les études humoristiques, et autres produits intellectuels de la littérature parisienne. C'est donc pour satisfaire aux nombreux désirs qui m'ont été exprimés que je me suis décidé à entreprendre la publication des RÉCITS AMÉRICAINS.

Nul pays plus que l'Amérique du Nord ne peut fournir au romancier le canevas de récits extraordinaires, le texte de descriptions, d'études, de peinture de mœurs, de chasses, de dangers, de combats, de victoires et d'exploits de toutes sortes.

Successivement, dans une série de dix-huit volumes, les lecteurs verront passer devant leurs yeux un Kaléidoscope authentique composé de : La vie des « Tricheurs au jeu » de la Californie et de leurs « Enfers »; des aventures de pionniers dans le Far-West; de combats et de crimes commis par les forbans; des *Menteries* d'un marquis de Crac américain; des mœurs des Peaux-Rouges du centre des États-Unis; des Excursions des bûcherons sur le bord des grands fleuves; des découvertes pittoresques du colonel Frémont, de Kil-Korson et autres; des histoires de la plantation du Sud; des Drames des villes de l'Union, etc., etc.

Tous ces Récits sont publiés par M. Benedict-Henry Révoil, un des littérateurs émérites de la presse parisienne, à qui un séjour de dix années aux États-Unis a permis de voir, de noter, et d'apprécier à leur juste point de vue toutes les existences bizares qui seront relatées dans ces volumes.

J'ose espérer que les lecteurs des *Récits américains* voudront bien donner à M Révoil les mêmes preuves de la bienveillance avec laquelle ils ont accueilli les nombreux volumes qu'il a déjà publiés et offerts à l'appréciation de ses compatriotes.

L'Éditeur.

P. Brunet.

CHEZ LE MÊME ÉDITEUR

TROIS ANS D'ESCLAVAGE CHEZ LES PATAGONS
Récit de ma captivité, par A. Guinnard, 1 volume. — 3 fr. 50 c.

SÉRIE A 2 FR. 50 LE VOLUME

L'Homme d'Argent, par A. Gouet............ 1 vol.	Grèves, par Théod. Perrin. 1 vol.
Le Bivouac des Trappeurs, par H.-B. Révoil........ 1 vol.	Un Voyage a Pékin (Souvenirs de l'expédition de Chine), par G. de .... 1 vol.
Maison a Louer, par Ch. Dickens, trad par H.-B. Révoil. 1 vol.	La Bretagne, paysages et récits, par Eugène Loudun.... 1 vol.
La Pupille du Docteur, par G. d'Ethampes.......... 1 vol.	Quand les pommiers sont en fleur, par B. Boniel.
Jérôme le Trompette, par L. de Beaurepaire........... 1 vol	**POUR PARAITRE PROCHAINEMENT :**
Manso le Guerrillero (suite de Jérôme, par le même.... 1 vol	La Noblesse de nos jours, par A. Gouet
Les Bohèmes du Drapeau, par Antoine Camus, 2e édit..... 1 vol	La Légion Étrangère, Deuxième série des Bohèmes du Drapeau, par A. Camus.
La Chambre rouge, par Mme la comtesse de Bassanville. 1 vol.	Les Trois Fiancées, par E. Gonzalès
Les Salons d'Autrefois, 1re série, par la même........ 1 vol	Jean le Septembriseur (Histoire des chauffeurs, 1797, par A. Aufauvre
Idem. 2e série. 1 vol.	La Samaritaine, par le même.
Un Voyage a Naples, par la même.............. 1 vol.	Le Fil de la Vierge, par le même.
Ce qu'il en coute pour vivre, par Berlioz d'Auriac...... 1 vol.	Les Confessions d'un Étrangleur, traduit de l'anglais, par W. Hughes
Récits des Landes et des	Caïn et Cie, par Berlioz d'Auriac.
	Le Roi de Ratonneau, par le même.
	Les Salons d'Autrefois, par Mme la comt. de Bassanville, 3e série.

SÉRIE A 2 FR. LE VOLUME

Cœurs de Femmes, par E. Richebourg........... 1 vol.	Livonnière................ 1 vol.
Le Mouton enragé, par G. de la Landelle........ 1 vol.	Les Quarts de Nuit, nouvelle éd., par G. de la Landelle... 1 vol.
Un Gentilhomme Catholique, par C. d'Héricault.. 1 vol.	**POUR PARAITRE PROCHAINEMENT :**
Les Masques Noirs, par Amédée Aufauvre...... 1 vol.	La Chambre des Ombres, par Marin de Livonnière.
Les Enfants de la Neige, par le même........... 1 vol.	Un Philosophe, par le même.
Otto Gartner, par Marin de	Si Jeunesse pouvait... 2e édit., par L. Dépret.
	Reine du Foyer, par le même.

SÉRIE A 1 FR. LE VOLUME

La Frégate l'Introuvable (101e maritime), par G. de la Landelle.

EN PRÉPARATION

Les Cousines de l'Introuvable, par le même.
Voyage autour de la Chambrée. — Zigzags militaires, par un Troupier.
Souvenirs — Les Étapes du Père la Ramée..... 1 vol.
D'une Vieille Culotte de Peau — Les Femmes du Régiment....... 1 vol.

POUR PARAITRE INCESSAMMENT :

LE GRAND-VENEUR
Par A. Aufauvre, 1 volume. — Prix : 3 fr. 50 c.

RÉCITS AMÉRICAINS
Devant former une collection de 18 jolis volumes grand in-18, à 2 fr. le volume. — Riche couverture illustrée en couleur.

La Sirène de l'Enfer. — L'Ange des Prairies. — Les Écumeurs de Mer. — David Crockett : le Marquis de Crac du Nouveau-Monde. — Le Chef des Ottawas. — La Fille du pionnier. — La Ceinture d'Or. — Le Trappeur Bill-Bidon — La Tribu des Sioux. — La Fiancée du Squatter — Blanc et rouge. — L'Aventurier Kit-Karson. — Le Chasseur du Kentucky. — Frémont l'Explorateur. — Les Captives. — L'Oncle Ézéchiel. — L'Enfant d'adoption. — Les Fantômes du Désert.

Imprimerie L. Toinon et Cie, à Saint-Germain.

www.ingramcontent.com/pod-product-compliance
Lightning Source LLC
Chambersburg PA
CBHW050646170426
43200CB00008B/1171